筑摩選書

岩田規久男

Iwata Kikuo

経済学的思考のすすめ

経済学的思考のすすめ　目次

経済学的思考のすすめ

はじめに

日本では、経済学の専門家でない人の経済本がよく読まれ、そうした人たちのテレビでの経済解説も盛んである。

この当該分野の専門家でない人が盛んに議論し、その議論が少なからぬ数の人の支持を得るという現象は、物理学などの自然科学や、法律、会計、税務などの分野では見られない、経済特有の現象である。

それが経済特有の現象であっても、経済学の専門家でない人の経済本や経済解説が間違っていなければ、問題視する現象ではない。しかし、実際は、間違いが少なくない。

本書で、経済学の専門家でない人が書いた経済本の代表として取り上げている辛坊治郎・辛坊正記『日本経済の真実――ある日、この国は破産します』（幻冬舎）は、「アホな自称経済学者（その中には大学教授の肩書きを持つ人も少なくありません）や、キャスターに鉄槌を下さなくてはいけません」（一九八頁）とまでいう。

しかし、本書で明らかにするように、この「鉄槌を下さなくてはいけない」という言葉は、そっくりそのまま、辛坊両氏にお返しししたいと思う。

本書はこうした状況に警告を発するとともに、経済学の思考法と経済学の専門家でない人の思考法を比較しながら、経済を正しく理解するための経済学的思考法とはどういうものかを明らかにしようとするものである。すなわち、読者が本書を手に取った時点から、将来に至るまでの長いスパンで役に立つ、経済学の普遍的な思考法を提示することが、本書の目的である。

これまで、著者は経済学の専門家でない人にも理解できるように、やさしく経済を解説する本を何冊か書いてきた。しかし、経済学の専門家でない人の間違いだらけの経済本のほうがはるかに多く読まれる現状を見ると、著者のこの努力はあまり報われなかったようである。

この反省から本書では、著者のこれまでのアプローチとは異なるアプローチをとることにした。それは、経済学の専門家でない人の思考法と経済学の専門家の思考法とはどのように異なるかに焦点を当てたアプローチである。

経済学の専門家でない人の思考は、繰り返し起きることやたとえ話から経済を理解するというもので、帰納法と呼ばれる思考法である。

たとえば、右の辛坊両氏の著書では、日本の国の借金を、所得がないため、借金の返済のあてのない家計にたとえて議論している。しかし、このたとえ話では、家計の借金は借金した家計が返済しなければならないが、国の借金は借金した国が返済するのではなく、国が国民から税金を取って返済するという点で、家計の借金とは異なっていることが見逃されている。

財務省のホームページの「日本の財政を考える」も、辛坊両氏と同じように、国の借金を家計の借金にたとえて、「公債発行による借金は、将来世代への負担の先送りにほかなりません」という。

しかし、将来世代は一方で、国債利払いと国債償還のために税金を納めるが、他方で、国債利払いと国債償還を受けているから、納税とともに将来世代のポケットから国に渡ったお金は、国債利払いと償還とともに将来世代のポケットに戻ってくる。したがって、財務省の言う意味では、「公債発行による借金は、将来世代への負担の先送りにはならない」のである。これは、外国人が日本の国債を保有している場合でも、日本のように、対外純債権国であれば成立する（一八三頁参照）。

それに対して、家計が借金を返済するときには、返済したお金は返済した家計には戻ってこない。また、家計が生存中に借金を返済できなければ、その家計の相続人が借金を返済しなければならないが、相続人が返済したお金は相続人には戻ってこない。

このように、家計の借金と国の借金は異なっているから、家計の借金を国の借金にたとえることはできないのである。

右で、国債の負担を例にとって述べたように、たとえ話のような帰納法では真実に近づくことはできない。

しかし、国債発行による借金がもたらす結果を、人々や企業の経済行動から導けば、辛坊両氏の本や財務省の言う意味とは違った意味で、国債発行による借金が将来世代の負担になる場合があることが分かる。

どのような場合に、国債発行による借金が将来世代の負担になるかは、本書の第6章で示しているので、その箇所を読んでいただきたいが、そこで用いている思考法は演繹法である。

経済学が採用する演繹法は、自然科学の「仮定、演繹、命題、命題の実験や観察による検証」という思考法と同じである。

経済学では、人々や企業や政府などの意思決定主体の行動などに関していくつかの仮定を設定して、それらの行動がどのような結果をもたらすかを、数学的に演繹する。演繹の結果得られた結論が命題である。数学的演繹を間違えない限り、仮定が真であれば、命題も必ず真である。

次に、得られた命題が現実に妥当するかどうかを現実のデータを使って検証する。この検証により、当該の命題が統計的に支持されると判定されれば、その命題はとりあえず現実妥当性が高いと判断される。しかし、統計的に支持されなければ、検証方法か仮定に問題があることになる。

そこで、まず、検証方法を変えてみる。それでも、当該命題が現実的な妥当性を持っていることが検証できなければ、仮定に問題があると考えて、仮定を変更してみる。仮定を変えれば、得られる命題も変わるので、新たに得られた命題を現実のデータで検証してみる。

経済学は以上のような、「仮定、演繹、命題、検証」を繰り返しながら、よりよく現実の経済を説明でき、かつ、経済政策や制度などの変更によってどのように経済が変化するかをよりよく予測できる経済理論を追究する科学である。

先に、普遍的な思考法と書いたが、以上から分かるように、経済学にはこれで完全であるというゴールはない。経済学は絶えず、より良い経済理論を求めてやまない「仮定、演繹、命題、検証」から構成される仮説の体系である。こうした思考法こそが、真理に近づくことのできる、普遍的な思考法なのである。

著者は本書で採用した新しいアプローチによって、一人でも多くの人が非専門家の経済解釈の誤りを理解し、経済学的思考法の優れた点を理解されることを願っている。

本書で示す経済学的思考法に基づいて実際に起こっている経済現象を理解すれば、より望ましい経済政策や経済制度とはどのようなものであるかも理解できるようになるはずである。そのときはじめて、国民は政府に対して人々を真に幸福にする政策とはどのようなものかを示し、その実現を求めることができるようになるであろう。

本書は著者の『福澤諭吉に学ぶ 思考の技術』（東洋経済新報社）の姉妹編である。本書によって経済的思考を理解された読者には、より一般的な思考の技術を論じた『福澤諭吉に学ぶ思考の技術』をお読みいただければ、一層、現実をよく理解し、生産的な議論ができるようになると考えている。

二〇一〇年一〇月

岩田規久男

第1章

シロウト経済学は花盛り

わたしたちは誰でも毎日、経済的生活を送っている。そのため、誰もが経済に関して意見を持つようになる。そうした意見は、一種の経済学を形成している。本書では、経済学の専門家でない人々が語る、そうした経済学をシロウト経済学と呼ぶことにする。

シロウト経済学の特徴はなんであろうか。それは経済の専門家の経済学とどのように異なっているのだろうか。この章では、この疑問のうちの前者について議論し、第2章で、実際のシロウト経済学を取り上げて、それがいかにでたらめであるかを明らかにした後に、第3章で経済学的思考がどのようにシロウト経済学的思考と異なっているかを示そう。

二つの思考方法

シロウト経済学の特徴を考える前に、思考法、あるいは推論法について触れておこう。思考法には大きく分けて、帰納法と演繹法がある。経済学の専門家の思考法は演繹法である。ただし、ここでいう経済学とは欧米で発達した経済学をいう。この経済学は戦後しばらくの間は、マルクス経済学と区別するために近代経済学と呼ばれた。本書が経済学というときには、この近代経済学を指しており、マルクス経済学のことではないので注意されたい。

経済学が演繹法をとっているのに対して、シロウト経済学だけでなく、その他の日常の議論のほとんどは帰納法である。

わたしたちは、日々の生活の中で、さまざまな経験をする。そして、同じような経験を重ねるにつれて、そこから「こうすれば、こうなる」ということを学習し、それを法則であると認識する。

例えば、どこに行っても、太陽は東から昇って、西に沈むのを見れば、「太陽は東から昇って、西に沈む」と認識する。

これは、同じことが何回も繰り返し起こることから、その現象を普遍化ないし一般化して考える思考で、帰納法と呼ばれる。

実際は、地球が太陽の周りを自転しながら回転している。しかし、わたしたちには地球が回転していることを実感することはできない。地球が回転していることが真実であると理解するためには、第3章で述べる演繹法とそれから導かれる結論を観察によって検証しなければならない。

数多く観察されることや繰り返し同じ経験をすることから、一定の結論を導き出すのは、人間だけでなく、多少とも知的判断能力がある動物に共通している。

「パブロフの犬」の話はこの例である。すなわち、犬に餌をやる前に、ベルを鳴らすことを繰り返すと、ベルを鳴らすだけで、犬は餌をくれると思って、とんできて、よだれをたらすようになる。

したがって、多くの人が帰納法を使って、物事を判断することは、ごく自然な行動であるといえる。

帰納法で考えることは人間にとってごく自然なことであるから、帰納の仕方を学校で特別に学ぶ必要はない。人々が文法を習わずに、母国語を話せるようになるように、人々は経験だけで帰納によって推論するようになる。自分が帰納法で思考していると意識することさえない。

数で真理を争う枚挙的帰納法

帰納法にもいろいろある。その一つで、日常的によく観察されるものは、枚挙的帰納法で、右で挙げた太陽の例は枚挙的帰納法から導かれた結論である。

これは、同じ現象を何回も見て、その現象を一般化する思考法で、形式的には次のようになる。

「中国人のAさんは、自己主張が強い」
「中国人のBさんも、自己主張が強い」
このように、繰り返し同じ性格を持った中国人を観察すると、
「だから、中国人は皆自己主張が強い」

と一般化する。

この一般化は、自己主張の強い中国人に出会えば出会うほど、強まり、いつしか、信念にまで高まる。

枚挙的帰納法は日常的に見られる推論法で、例を挙げれば、それこそ枚挙に暇がない。

右の一般化は、一人でも自己主張の強くない中国人の例を挙げれば、崩れる。しかし、一人では、「その人は例外だ」と例外扱いされるであろう。そのため、「中国人は自己主張が強い」という主張を崩すためには、そう主張する人が挙げる例と同じくらい、「自己主張の強くない中国人」の例を挙げなければならない。

結局、どちらが正しいかは、例として挙げることのできる数の問題になる。しかし、中国人は一〇億人以上もいるから、例として挙げる数を競い合ってもたかが知れており、到底一般化できるものではない。この方法で真理に近づくことは無理である。

その無理を押し通そうとすると、人種偏見や民族差別に陥ってしまう。

危険な類推的帰納法

枚挙的帰納法は狭義の帰納法とも呼ばれるが、広義の帰納法に、似ているものから類推する類推的帰納法（アナロジーという）がある。

これは、

「AはBである」

「CはAに似ている」

「したがって、CはBである」

と、推論するものである。

たとえば、子供のしつけについて、

「獅子は子を谷底に落とし、這い上がることのできた子だけを育てる」というたとえから、人間の子供のしつけも獅子の子供のしつけも、しつけという点では同じだと考えて、

「子供を立派に育てたいなら、甘やかさずに、苦労させるのがよい」

という結論を導く。


これは獅子のしつけの仕方から、人間の子供の望ましいしつけ方を類推している。このたとえ話は、獅子の子によいことは、きっと人間の子にもよいというくらいの話で、もし真実はそうでなかったなら、たいへん間違ったしつけをしてしまうことになる。

そもそも、「獅子が子を谷底に落とす」ということ自体、事実に反している。谷のない平原ばかりの土地に住む獅子はどうするのか、といいたくもなるであろう。

たとえ話を用いた類推的帰納法はわかりやすいため、複雑なことを説明しようとするとき

に、よく使われる。わたしも説明の便宜上使うことがある。しかし、たとえ話はよく似ているといっても、さまざまな条件が違っているため、よくよく考えてみると、当てはまらないケースが少なくないので、細心の注意が必要である。たいへん危険な結論を導くことさえある。

たとえば、戦前の話であるが、一九二九年一〇月に、アメリカのニューヨークで起きた株価大暴落をきっかけに、世界同時大不況（日本では、昭和恐慌と呼ばれる）が発生したが、その直前の同年七月に、浜口雄幸《はまぐちおさち》首相（当時）は次のようなたとえを使って、国民に「痛みに耐える」ことを訴えた。

「現下の一時的苦痛はいはゆる生みの悩みに過ぎない。この悩みを体験することに依りて、我国は始めて光輝燦爛《こうきさんらん》たる目的地に到達することが出来るのでありまして、将来に於て伸びむが為め現在に於て縮むのであります」（一九二九年七月一九日の民政党両院議員評議員連合会での演説）。

この演説は「明日伸びむが為に、今日縮むのであります」というフレーズで有名になり、当時の大阪毎日新聞はこのフレーズに倣って、「伸びんがために先づ屈せねばならぬ」という社説を掲げた。

この演説は経済の再生を「身体の屈伸運動」にたとえている。体を伸ばすためには、まずひざを曲げて、屈しなければならない。それと同じように、停滞した経済を再生するためには、まず赤字財政や不良企業を整理して、経済を縮小することが先であるというのである。

これは、経済再生のためにはまず赤字財政や不良企業や不良債権などの清算が先だという「清算主義」の考え方である。浜口首相の「明日伸びむが為に、今日縮むのであります」という清算主義は、経済を多少縮ませるどころでは終らず、昭和恐慌という奈落の底に突き落としてしまったのである。この清算主義は今日でも根強く存在する。

日本経済が昭和恐慌に見舞われたことは、経済再生は屈伸運動と似ているという理由から、両者を同列に論ずることは極めて危険であることを物語っている。

結論から前提を真であると類推する

もう一つの広義の帰納法に、結論を導いた前提を、逆に、結論からみて真である、と推論する思考法がある。これはうまい和訳がないが、アブダクションと呼ばれる推論法で、次のようになる。

「努力したAさんは、金持ちになった」
「努力したBさんも、金持ちになった」
「だから、金持ちになるためには、努力しなければならない」

右の推論では、「努力すること」が前提で、その前提の結果が「金持ちになる」である。そこで、結果を生むためには前提が満たされているはずだとして、「金持ちになったのは、努力したからだ」となり、さらに、「金持ちになるためには、努力しなければならない」という命題を導くのである。

この命題はさらに、

「努力しないから、貧乏なのだ」

という命題に発展する。

右の命題は、努力した人の中に、金持ちでない人や貧乏な人がいることを示せば、崩れてしまう。

以上のように、帰納法の推論には欠点が多く、この推論から真実に近づくことはできない。しかし、それでも、人々は無意識のうちに帰納法を多用している。そのことを、経済に即して示しておこう。

誰もが経済問題をかかえている

わたしたちは誰でも経済生活を営んでいる。

家庭の主婦は毎日のように、財布と相談しながら、スーパーやデパ地下で、少しでも安く、しかし、家族の健康によい食品を買い求めている。

ビジネスマンはどうすれば売上げが伸ばせるか、どうすれば生産費用を引き下げられるか、どうすれば他社を出し抜けるか、どうすれば昇進・昇給ができるか等々、毎日、経済問題と格闘している。

会社の利益が上がるかどうか、給料が上がるかどうか、などは、個々人の努力だけでなく、景気にも依存する。そこで、人々は政府の景気対策にも関心がある。日本銀行が金利を上げるのか、下げるのかも気にかかる。

住宅を買おうとしている人は、金利が下がった今、住宅ローンを組むべきか、もう少し待ったほうがいいのかと思案する。住宅を買うタイミングは難しい。

外貨預金をしていたり、海外旅行を計画したり、会社で海外部門を担当していれば、外国為替相場の動向にも無関心ではいられない。

このように、わたしたちは誰しも自分の経済問題を抱え、それを何とか解決しようとしている。

誰もが身近な経済問題を抱えていると、経済に関して何らかの意見を持つようになる。

日用品なら何でも、一〇〇円ショップで買えることを知れば、デフレになるのも当然だと思う。スーパーで中国産が日本産の何分の一かの価格で売られているのを見れば、物価が下がっているのは中国から安いものが大量に入ってきているからだと思う。

デフレのおかげで、安いものが手に入るのだから、「デフレはよいものだ」と思う。

新聞で、多くの派遣労働者が雇い止めにあっているという記事を見れば、派遣労働規制を緩和した小泉改革の「市場原理主義が悪いのだ」と思う。

ギリシャが財政破綻すれば、それとの類推で、ギリシャよりも借金の多い日本の財政が破綻するのも遠くない、と思う。

日本では、経済学を学んだことのないビジネスマンや新聞記者はもちろん、文芸作家であれ、漫画家であれ、医者であれ、テレビのニュース・キャスターであれ、お笑いタレントであれ、誰もが円高や不況やデフレなどの原因、さらに日本の財政破綻などについて、経済学の専門家顔負けで語る。まさに、シロウト経済学花盛りである。

しかも、シロウトが書いた経済本は経済学者の書いたものより分かりやすいらしく、よく売れる。

確かに、「太陽は地球の周りを回転している」という説明（つまり、シロウト経済学）のほうが、人々の観察と一致しており、「いや、実は地球が太陽の周りを回転している」（つまり、経済学者の議論）という説明よりもはるかに分かりやすいであろう。

しかし、第2章で示すように、シロウト経済学にはでたらめが多い。それらがよく売れるのだから、それだけ、日本国民の中にでたらめを信じている人が多いことになる。これは捨てておけない状況である。

帰納法で語るシロウト経済学

シロウト経済学は、右で例として挙げたように、数多い経済現象から結論を引き出す帰納法である。

「安いものには中国産が多い。だとすれば、中国からの輸入が多くなれば、何でも安くなるデフレになる」と結論する。これは、帰納法のうちのアブダクションである。

しかし、世界中の国が中国から大量に輸入しているが、日本以外にデフレの国はないから、右の帰納法の結論はたちどころに論破されてしまう。

「デフレはよい」と思うのは、自分自身をはじめデフレで利益を得る人ばかりを見ているからである。「デフレで安い買い物ができるのでわたしは助かっている。あなたも、彼らも同じように助かっている。だとすれば、デフレはいいではないか。どこが悪いの」となってしまう。

こういう人は、世の中にはデフレのために、失業したり、企業倒産に追い込まれたりする人がいることを知らないし、そもそも、デフレになるとなぜ失業者や倒産が増えるのかも理解できない。それを本当に理解するには、多少なりとも経済学の素養が必要である。

派遣労働者の中に雇い止めにあう人が多いことが観察されれば、派遣労働の規制緩和で派遣労働者を増やしたことが、派遣労働者の雇い止めの原因だと推論してしまう。これはアブダクションである。

すなわち、「多くの派遣労働者が雇い止めにあっている」。このことから、「雇い止めにあうのは、派遣労働者だからだ」という結論を導き出し（アブダクション）、そこから、さらに、「派遣労働者を増やした派遣労働の規制緩和が雇い止めの原因である」という最終結論を導き出している。

こういう結論が導かれると、派遣労働を再規制すれば雇い止めは減ることになってしまう。実際に、二〇一〇年現在、民主党政権はそのように考えて、派遣労働を再規制しようとしている。

しかし、この帰納法的推論には無理がある。その無理は、経済学の演繹法を使って推論すれば、直ちに判明する。これは第6章で説明しよう。

「日本の破産」の帰納法

最近の日本が抱える大問題に財政の持続可能性がある。類推的帰納法はこの日本の財政問題を論ずるときによく使われる。日本の国の債務残高はＧＤＰの一七一％（〇八年度）に達している。これを聞いた人は、たいてい、「そんなに借金まみれではたいへんだ。日本の財政は破綻する」と心配になりそうである。実際に、日本では、二〇一〇年現在、辛坊治郎・辛坊正記『日本経済の真実──ある日、この国は破産します』（以下、辛坊本として引用）がベストセラーになっている。

辛坊本は、国の借金を「一切仕事をせず、あなたからの借金だけで遊んで暮らしている」友達のたとえを使って、すなわち、帰納法を使って次のようにいう。

「あなたが、友達に金を貸し続けられれば、この取引は永遠に破綻しません。しかし、1回友達に金を貸すたびに、手元の10万円が減ってゆくので、あなたにも限界が来ます。もし、貸金が１０００万円になった時に、あなたが『もうこれ以上は金を貸せない。今まで貸した分を返して欲しい』と言ったらどうなります。その瞬間に、この取引全体が崩壊して、結局あなたの手元には、紙くずの借用証書だけが残ります」（一四五頁）。

このたとえのあなたの友達とは、日本国である。辛坊本はこのたとえで、「国民が国債を購入して貯蓄したと思っていたにもかかわらず、政府が国債収入を将来の生産に結びつく公共投資ではなく、消費に使ってしまい、何も残らないから、日本はいつか破産する」と主張したいようである。

友達にいつまでたっても所得がないならば、あなたが貸したお金を返してもらえないのは当然である。あなたから借りたお金で遊んで暮らしている友達に、あなたはなぜお金を貸し続けるのだろうか。当然、あなたは返してもらうつもりはないはずである。おそらく、あなたはその友達から大きな恩義を受けたことがあるのであろう。

こんなたとえ話では、国の借金を語ることはできない。

あなたから借りた友達とは日本国である。日本国には課税権がある。あなたの友達（国）はあなたに課税して、あなたから税金をとり、それであなたに借金を返済するだけである。これが、国の借金が個人や企業の借金と違う点である。したがって、国の破産を個人や企業の破産から類推することはできない。

あなたが友達である国にもうこれ以上貸さない、いままで貸した金を全部返せといえば、友達（国）は借金の返済総額に等しい税金をあなたからとって、それであなたに返済するだけである。お金はいったんあなたから友達（国）の手に渡り、再びあなたの手元に帰ってくるから、あなたの懐具合は全く変わらない。

かりに、あなたが一方で、友達（国）に貸した金を全額返せといい、他方で、友達（国）に税金を払うことを拒否すれば、友達（国）は破産を宣告して、借金を棒引きにするだけである。この場合も、あなたの懐具合はあなたが税金を払う場合と全く同じである。

辛坊本のたとえ話では、あなたと課税権を持つあなたの友達（国）しかおらず、友達（国）はあなたから借りた一〇〇万円の借金のうち、あなたには九〇万円（たとえば、子ども手当として）くれるという。したがって、友達（国）の手元には一〇万円が残る。辛坊本の例では、友達（国）はこの一〇万円を使うことになっているから、あなたの友達（国）の友達がいて、（子ども手当として）一〇万円を受け取って消費すると考えられる。

あなた以外にも友達（国）の友達がいる場合には、友達（国）の借金がどんなに積み上がろうとも、借金を返すのは借りた友達（国）ではなく、あなたと友達（国）の友達である。そして、あなたの友達（国）が借金したお金を消費に使ったのは、友達（国）ではなく、あなたと友達（国）の友達なのである。

そもそも、あなたが友達（国）に一〇〇万円貸しながら、そのうちの九〇万円を返してもらって、それを自分のための消費に使ったにもかかわらず、友達（国）に一〇〇万円貸したはずだから、一〇〇万円返せという辛坊本の話は、土台、無理な話である。そんなうまい話はありえない。

ただし、誰からどれだけ税金をとれば、公平であるか、という問題は残る。あなたは最初に友達（国）に一〇〇万円貸して、九〇万円のばら撒きを受けたのだから、確かに、一〇万円は友達（国）に貸したことになる。その一〇万円を使ったのは、あなたではなく友達（国）

の友達である。

そうであれば、あなたの友達（国）が一〇〇万円の借金を返すときには、あなたからはあなたが使った分の九〇万円の税金をとり、友達（国）の友達からはその人が使った分の一〇万円の税金をとり、その合計一〇〇万円の税金であなたに一〇〇万円返済することが、公平というべきかもしれない。

しかし、あなたが友達（国）の友達よりもはるかに金持ちであれば、友達（国）はあなたから一〇〇万円の税金をとり、友達（国）の友達からは税金をとらないかもしれない。この税金の取り方は、分配の公平の観点からは採用を検討する価値がある。この場合は、金持ちのあなたは一〇〇万円の税金を友達（国）に払って、友達（国）から九〇万円のサービス（たとえば、子ども手当）を受けることになる。一方、低所得者の友達（国）の友達は税金を払うことなく、友達（国）から一〇万円のサービス（たとえば、子ども手当）を受けることになる。

以上が、国と国民の取引の仕組みの基本であり、国の借金の意味である。読者は国の借金を個人や企業の借金と同一視することの誤りを理解されたであろう。

日本の家計と金融法人は貯蓄に励んでいる

ここで、毎年の日本におけるお金の流れを、お金の貸し借りの観点から見ておこう。最近時として、二〇〇五年から二〇〇九年をとってみると、この五年間、常に、お金が余っている部門（これを資金余剰部門または黒字部門という）は、家計（個人業主を含む）と非金融法人（銀行や保険会社などの金融機関を除いた法人企業）である。これら二つの資金余剰部門は余ったお金を、円預金、国債や株式などの証券、外貨預金といった金融資産で運用している。

日本以外のたいていの国の非金融法人はお金が不足している部門（これを資金不足部門または赤字部門という）であるが、日本の非金融法人は資金余剰部門である。これは特異な現象である。日本の非金融法人の設備投資は長期にわたって停滞している。そのため、日本の非金融法人はお金が余るので、その余ったお金を家計と同じように、さまざまな金融資産で運用しているのである。

言い換えれば、日本では、家計も非金融法人も貯蓄に励み、その貯蓄を住宅投資や設備投資に使った後でも相当残るため、国債を買ったり、海外に貸したりしているのである。

日本の家計と非金融法人の余ったお金を借りているのは、日本政府と海外である。

日本政府は財政の赤字に相当する金額のお金が不足する。政府はこの不足分を国債を発行して、家計と非金融法人から調達している。ただし、家計と非金融法人が国から直接買っている国債は少ない。家計と非金融法人の余ったお金のほとんどは、銀行（ゆうちょ銀行を含む）や保険会社や企業年金などに預けられ、それらの機関を通して、国債の購入に当てられるのである。

日本の家計と非金融法人からお金を借りているもう一つの部門は海外（外国）である。海外は日本からの輸入が日本への輸出よりも多いため、その多い分を日本から借りて輸入代金を賄わなければならない。

この場合も、日本の家計と非金融法人が海外に直接お金を貸すことは少なく、銀行や保険会社などの金融機関を通して貸すことが多い。つまり、家計と非金融法人は金融機関にお金を預け（預金や保険料支払いなどで）、金融機関がそのお金で外国債を購入したり、外国企業に貸したりしているのである。

〇五年から〇九年の平均を見ると、家計の資金余剰の対GDP比は二・九％、非金融法人のそれは四・一％である。一方、政府の資金不足の対GDP比は四・四％、海外の資金不足の対GDP比は三・六％である。家計と非金融法人の余ったお金を全部（対GDP比で七・一％）、政府と海外の資金不足（対GDP比で八％）を埋めるために使っても、まだ、政府と海外はお金が対GDP比で〇・九％と足りない。この不足分を埋めているのは日本の金融機関と対家計民間非営利団体（社会保険事業団体など）である。

これまでのところ、日本の政府も海外もその資金不足に相当するお金を、日本の家計と非金融法人から順調に借りることができてきた。

それは、第一に、日本では、景気の良くない期間が長く続いて、家計と非金融法人の支出（消費や設備投資）が伸びないために、両部門に潤沢なお金が余っているからである。

第二に、貸し手の家計と非金融法人とそれらからお金を預かっている金融機関が、借り手である日本政府と海外の資金返済能力を信用してきたからである。この信用がなくなれば、日本政府も海外もお金を借りることは難しくなる。

日本が破産することはありえるか

日本政府が借りているお金の残高は対ＧＤＰ比で一七一％に達している。これほど借金がかさむと、貸し手の家計と非金融法人およびそれらからお金を預かっている金融機関は政府の返済能力を信じなくなって、国債を買おうとしなくなるであろうか。少なからぬ人がその日の来るのは遠くないと考えているようである。

この点を、家計と国とを比較しながら考えてみよう。家計は自分でお金を稼いで借金を返済しなければならない。それゆえ、貸し手が家計のお金を稼ぐ能力を疑うようになれば、貸し手はもっぱら貸したお金の回収にまわり、新たに貸そうとはしなくなる。家計は稼いだお金で返済できなくなれば、結局、借金を棒引きにして、破産するしかない。

それに対して、国は家計と違って、自分で稼いで借金を返済するのではない。お金を稼ぐのはあくまでも国民である。これまで、国は国民に、稼いだお金で国債を買ってもらって、財政赤字を埋めてきた。その国民が国の返済能力を疑って、国債を買おうとしなくなるなら、国には家計と違って課税権があるから、増税して、財政支出を賄えばよい。

政府が国民からの借金を返済しないことを決めれば、定義によって、日本は破産する。しかし、日本のどの政党が政権をとろうとも、借金を棒引きして、党の信用を失うという、間抜けなことは決してしない。増税の道を選ぶはずである。すなわち、国家破産を選択する政権党はありえない。

ハイパー・インフレを起こす？

政府には国民が国債を買わなくなったら、増税以外にも、財政赤字を埋める手はある。それは、政府が発行した国債をすべて日本銀行に買わせることである。これを国債の日銀引き受けという。政府は日銀に売った国債の代金を貨幣（通貨ともいう）で受け取り、それで財政支出を賄う。

これは財政支出の増大と金融緩和政策の組み合わせになるから、二〇一〇年現在、デフレからの脱却が重要な政策課題である日本にとってはよい政策である。インフレになれば、名目成長率（インフレ込みの成長率）は上昇するから、それにつれて税収も増加する。したがって、財政赤字を削減できる。

しかし、これを際限もなく続けていけば、市場に過剰な貨幣（通貨）が出回り、それが物を買い求めて走り回るようになる。したがって、この政策はインフレ率に二％から三％の上限を設定し、その上限を超えそうになったときには止めるようにしなければならない。その歯止めを掛けておかないと、いつかは極めて高いインフレ、すなわち、ハイパー・インフレになってしまう。

したがって、日銀の国債引き受けはインフレ率が二％から三％程度に上がるまでが限度である。結局、国民が国債を買わないというなら、政府はいつかは増税するしかない。

日本人も外国人も、日本のＧＤＰは大きく、貯蓄率も高いので、増税の余地は十分にあり、政府が借金を棒引きにすることは決してない、と考えている。だからこそ、日本国債は低金利で、順調に消化されているのである。

ギリシャはどうだったのか

しかし、ギリシャは財政危機に陥ったではないか。国の債務残高のGDP比がギリシャよりもはるかに高い日本は、ギリシャよりも財政危機のリスクは大きいのでは、という疑問があるであろう。これはギリシャの財政危機から日本の財政危機を類推するという、類推的帰納法である。

そこで、ギリシャの財政危機の真相を明らかにしておこう。

ギリシャでは二〇〇九年一〇月に政権交代があり、前政権がGDP比五％超としていた財政赤字が実は一二・七％（最新のデータでは一三・六％）で、それまでの数値が偽りであったことが判明した。そのため、投資家たちはギリシャの財政赤字統計に不信感を抱き、同国の財政の持続可能性を疑うようになった。同国の国債格付は四段階引き下げられて投機的扱いになった。全欧州委員会によると、二〇〇九年末のギリシャの政府債務残高のGDP比は一一〇％を超えているという。

そこで、ギリシャのマクロ経済を見ておこう。まず驚かされるのは同国の民間消費のGDP比が七三％にも達していることである。ちなみに、日本はギリシャよりも一五ポイントも低い五八％（〇五年から一〇年の平均）である。

ギリシャ人はよく消費するため、二〇〇〇年以降、ギリシャの内需（国内の居住者の需要のことで、民間消費と民間投資と財政支出の合計）のGDP比は一〇八～一一一％という高い数値が続いている。この内需のGDP比が毎年一〇〇％を超える分（八〜一二％）はギリシャの生産物（すなわち、GDP）では賄えない分である。この自国では賄えない分は外国からの借金による輸入で賄われる。そのため、ギリシャの経常収支赤字の対GDP比は〇八年と〇九年はそれぞれ一五％と一一％にも達する。

つまり、ギリシャ国民は消費好きで、外国から借金して、消費と財政赤字と経常収支赤字の資金を調達しているのである。この赤字構造は、〇八年に世界金融危機を引き起こしたアメリカとそっくりである。

ギリシャで財政危機が起こった根本的理由は、同国の国民が身の丈を超えて消費し、少しも貯蓄せず、自国の国債を引き受けようとせず、財政も経常収支も赤字であることにある。

ユーロ諸国が助けるしかなかった

財政破綻を避けるためには、①歳出の大幅カット、②増税、③中央銀行の国債引き受け、のいずれかしかない。しかし、ギリシャでは、政府が財政破綻を避けようとして、公務員の削減や賞与の段階的廃止、年金の削減や受給年齢の引き上げ、付加価値税などの増税などを柱とする緊縮財政を進めようとしたとたん、死者が出るほどの暴動が起きた。

こうした暴動が起きる背景には、〇九年以降二年続きのマイナス成長（両年ともマイナス二%。一〇年はＩＭＦ推定）と失業率が一二%（二〇一〇年ＩＭＦ推定）にも達するという、不景気と雇用の悪化、さらに、特権階級が富を独り占めにしているという大きな格差問題などがある。

こうした状況で、大増税や大幅歳出カットを進めれば、大混乱と経済の大幅縮小を覚悟しなければならない。実際に、ギリシャは外国から巨額の資金援助を受けても、一一年はマイナス一%成長と三年続きのマイナスに陥り、一二年以降一四年までは一%未満の低成長が続くと予想されている（ＩＭＦ予測）。

これでは、ギリシャ政府が本格的に増税して国債を償還することは無理である。

もう一つの手段は、③中央銀行の国債引き受けである。前々項で述べたように、この政策は通貨量を増やす金融政策でもある。しかし、ユーロ加盟国の金融政策を担当する銀行は欧州中央銀行であるから、ユーロ加盟国のギリシャは独自の金融政策はとれない。したがって、ギリシャは独自では③を採用できない。これは各国の経済事情が違っているのに、各国独自の金融政策がとれない、というユーロの矛盾である。

ギリシャが③をとれず、①も②も国内事情から、本格的採用は難しいとなれば、ギリシャ国債の債務不履行（国債の償還をしない、すなわち、国家による借金の踏み倒し）か、他国に国債を買い続けてもらうかのいずれかしかない。国債が債務不履行になれば、ギリシャ国債を大量に保有しており、〇八年に起きた金融危機ですでに大量の不良債権を抱えているヨーロッパの銀行がたいへんな危機に陥る。したがって、ギリシャの債務不履行はヨーロッパ発の世界金融危機をもたらす可能性が極めて大きい。

結局、世界は困り果てて、今後三年間でユーロ圏の国々が八〇〇億ユーロ、国際通貨基金（ＩＭＦ）が三〇〇億ユーロの計一一〇〇億ユーロ（約一三兆円）を用意して、ギリシャを支援するしかなかったのである。このお金で当分の間ギリシャ国債は買い支えられることになる。

以上のように、ギリシャの経済状況は日本とは大きく異なっている。日本の民間部門は資金余剰（黒字）であるのに対して、ギリシャの民間と政府はともに資金不足（赤字）で、その赤字を外国に埋めてもらっている。日本はいざとなったら、①も②も③も採用できるが、ギリシャは③はとれず、①と②をとろうとすれば、国内の大混乱と大幅な経済収縮を覚悟しなければならない。

このように、ギリシャと日本の経済は根本的に異なっている。したがって、ギリシャの財政危機から日本の財政危機を類推することはできない。

しかし、右に述べたことは、いつまでも日本の財政状況を放置してよいことを意味してはいない。しかし、日本の財政状況を改善するためにまずしなければならないことは、増税ではなく、金融政策によってデフレから脱却することである。その理由を説明することは簡単ではないので、その説明は第6章に先送りしよう。

この章では、経済学者でない人々の経済学（シロウト経済学）は帰納法に基づいていること、帰納法に基づく経済学には大きな欠点があり、間違った結論を導きやすいことを説明した。そこで、次章では、数あるシロウト経済学の中から代表選手を選び出し、そのでたらめさを示そう。

第2章

間違いだらけのシロウト経済学

日本では、シロウト経済学が花盛りである。世界中をくまなく精査したわけではないので、断言はできないが、日本ほど、シロウト経済学が花盛りで、しかも、国民の間に人気がある国はないのではないだろうか。

もちろん、シロウト経済学が正しければ問題ない。しかし、困ったことに、シロウト経済学には間違いが多い。

第1章では、辛坊本の、国の借金に関する議論を取り上げて批判したが、この章でも、シロウト経済学の代表選手として、辛坊本を取り上げ、その間違いを示しておきたい。

辛坊本は以下の章でも取り上げるが、それは、この本には、シロウト経済学が陥る誤りのほとんどすべてが詰め込まれているからである。

辛坊本は、「世の中には、インチキがあふれています」（一八頁）として、「トンデモ本」を批判している。ということは、辛坊両氏は自著を「インチキでも、トンデモ本でもない」と確信しているということである。果たしてこの確信は本当に大丈夫であろうか。

GNPが増えても国民は豊かになれない?!

辛坊本は、「日本国内の人々が豊かになるためには、GNPでなく、GDPを増やすことが大切だ」（三二頁）という。

この主張が正しいかどうかを判定するためには、国民経済計算における国内概念と国民概念との違いを知っておく必要がある。

ＧＤＰは国内総生産の略称で、国内概念の用語である。日本についていえば、日本のＧＤＰとは、日本国内に居住する経済主体が生産した付加価値の合計である。ここに、日本国内に居住する経済主体を日本の居住者という。居住者は個人と法人と政府に大別される。日本の居住者である個人とは、主として日本国内に六カ月以上の期間居住しているすべての個人をいい、国籍のいかんを問わない。また、一般に、国外に二年以上居住する個人は非居住者とされる。

外国の法人（国籍が外国）の日本国内にある支店、事務所等（例えば、外国企業の在日子会社）は、日本国内で生産活動を行っているので、日本の居住者である生産者として扱われる。したがって、それらが生産した付加価値は日本のＧＤＰに含まれる。

逆に日本の企業の海外支店は日本国内には含まれないので、それらが生産した付加価値は日本のＧＤＰには含まれない。

一方、国民という概念は、当該国の居住者主体を対象とする概念である。したがって、この場合の国民は、国籍を持った人（自然人と法人）ではなく、当該国の居住者（居住者の定義はすでに説明した通り）という意味で、当該国の国籍を持った国民、という通常の国民とは定義が異なっていることに注意しよう。

日本のＧＮＰ（国民総生産。現在はこの言葉の代わりに、国民総所得ＧＮＩが使われているが、同じ意味である）とは、日本の居住者が受け取った所得の総額である。

日本の居住者が受け取る所得の中には、海外で生み出された付加価値がある。たとえば、日本の居住者である個人が受け取る外貨預金の利子は、日本国内ではなく、外国で生み出された付加価値であるから、日本のＧＤＰには含まれない。しかし、それは日本の居住者にとっては所得であるので、日本のＧＮＰには含まれる。したがって、ＧＮＰを算出するときには、このような日本の居住者が海外から受け取った所得をＧＤＰに加えなければならない。

逆に、日本のＧＤＰの中には、海外の居住者に支払った所得が含まれており、この所得は日本の居住者の所得にはならないから、ＧＮＰを算出するときには、この所得をＧＤＰから差し引かなければならない。

以上から、次式が成立する。

ＧＮＰ＝ＧＤＰ＋海外から受け取った所得－海外に支払った所得

「海外から受け取った所得」から「海外に支払った所得」を差し引いたものを「海外からの純所得」という。したがって、

ＧＮＰ＝ＧＤＰ＋海外からの純所得

と表すこともできる。

以上で、ＧＤＰとＧＮＰの違いを説明したので、辛坊本に戻ろう。

辛坊本では、日本の居住者という国民経済計算上の正確な名称の代わりに、「日本国内の人々」という言葉が使われている。それでは、日本国内の人々が海外から受け取る所得が増えても、日本国内の人々は豊かになれないのだろうか。そんなことはない。それは立派な所得であるから、それが増えれば、当然、日本の居住者はその増えた分だけ豊かになる。たとえば、読者が外貨預金をしており、それから利子を受け取れば、読者がその利子分だけ豊かになるのは当然である。

ここで注意すべきは、すでに述べたように、日本の居住者とは日本国籍を持った日本人とは一致しないということである。

たとえば、外国企業の在日子会社は、日本で生産活動を行っているので、日本の居住者である生産者として扱われ、それが生産した付加価値はＧＤＰに含まれる。しかし、その付加価値のうち海外の居住者に支払われた配当や外国企業が内部に留保した利益は、日本人の所得にはならないから、日本人の豊かさにはつながらない。

つまり、外国企業の在日子会社が生産した付加価値は日本のＧＤＰにはなるが、そのうちの海外の居住者に支払われた配当や外国企業が内部に留保した利益は日本のＧＮＰにはならないのである。

結局、日本人にとって、生産がどの国で行われ、どの国でその所得（付加価値）が発生しようが、所得は所得であり、同じ価値があるということである。

ただし、所得が同じでも、それを獲得する苦労を考えると、幸福度は違ってくるであろう。たとえば、日本で非正社員として、上司や仲間とのコミュニケーションに気を遣い、時には、いじめにあいながら、朝から晩まで働いて、一年でやっと二〇〇万円稼ぐ人と、外貨預金や外国証券に投資し、外国で賃貸アパートを持っていて、一年に二〇〇万円の利子・配当・賃貸料などの所得を得る人とでは、どちらがより幸せであろうか。幸せは個人的なものであるから、比較は難しいが、同じ二〇〇万円を得るなら、後者のほうが楽でよいと思う人が多いのではないだろうか。

辛坊本は「なにより、国際機関が国の経済規模を測る指標をＧＮＰからＧＤＰに替えた、という単純な事実が、世界経済のグローバル化という現実の中で何が大切かを物語っているのです」（三二頁）という。

この辛坊本の主張は間違っている。およそ、概念とは大切か大切でないかではなく、目的に応じて作られるものであって、それ自体に内在的価値があるわけではないことに注意しよう。

国際機関が経済の規模を測る指標をＧＮＰからＧＤＰに替えたのは、グローバル化が進んで、国内に外国籍企業が増えた結果、それらが作り出した付加価値を含めた指標でなければ、国内の生産活動を適切に表すことができなくなったためである。ＧＮＰとＧＤＰのどちらが大切かではなく、一国の生産活動の大きさを測るという目的に照らして、どちらが適切か、という観点からＧＤＰを採用したに過ぎない。

それに対して、辛坊本が重視している「日本国内の人々（外国籍の日本の居住者を含む）の豊かさ」（三一頁）を測ることを目的とするのであれば、辛坊本の主張とは全く逆に、ＧＤＰよりもＧＮＰが、さらに、一人当たりＧＮＰのほうが適切なのである。つまり、辛坊本の主張とは逆に、物質的豊かさの指標としては、ＧＤＰよりもＧＮＰのほうが適切なのである。

日本の豊かさに貢献する海外からの受取所得の増加

日本の居住者が受け取る海外からの所得は、大きく、雇用者報酬と投資収益の受取から構成される。雇用者報酬は日本の居住者が海外に短期滞在して得た所得である。

一方、投資収益は、直接投資収益、証券投資収益、その他収益に分けられる。直接投資収益とは、海外の支店・子会社等の収益・配当金および再投資収益、子会社等への貸付からの利息の受取《うけとり》をいう。ここに、再投資収益とは海外の子会社などが配当せずに会社内部に留保した利益（内部留保）のことである。これを日本の海外からの受取所得に含めるのは、いったん直接投資家に配分されたあとに、その直接投資家によって再び投資されたものとみなすからである。

証券投資収益は、子会社等以外からの配当金、国債やその他の金融市場商品などの利子の受取である。その他の投資収益は、その他の全ての非居住者に対する債権（外貨預金など）の利子の受取である。

それでは、日本の海外からの受取所得はＧＤＰの何パーセントくらいになるのであろうか。最近では、海外からの受取所得はＧＤＰの四％から五％に達しており、無視できない大きさになっている。海外からの受取所得の九九・九％は投資収益である。

このように海外からの受取所得が大きくなったのは、一九六〇年代半ば以降、日本の経常収支黒字が定着したため、日本の居住者がその黒字を海外証券投資や直接投資に運用してきたからである。最近、そうした投資の果実である利子・配当や海外の子会社の利益などの所得が増え続け、日本人の豊かさに貢献しているのである。

ユニクロは問題企業?!

辛坊本は「世の中には、インチキがあふれています」（一八頁）と世の読者に警告を発しているが、その舌の根も乾かぬうちに、「ＧＮＰが増えても日本国内の人々は豊かになれない」と、自ら世の中にインチキを振りまいている。

そして、このとんでもない誤解にもとづいて、「こうして考えると、某衣料品メーカーのように、海外で作ったものを、国内で大量に売りさばく商売は、日本経済にとって大きな問題ではないか？　という視点が芽生えるはずです。正解です。日本の所得（ＧＤＰ）を増やすには、日本で、モノやサービスを作ることが大切なのです」（三一頁）という。

要するに、某衣料品メーカー、すなわち、ユニクロのような企業は日本の豊かさに貢献しない、問題企業だというのである。

ユニクロは質のよい衣料品を安く消費者に提供して、日本人の豊かさに貢献している。おそらく、辛坊両氏のようなお金持ちはユニクロ製品ではなく、高級ブランド衣料品で身を固めているため、ユニクロによってどれほど庶民が助けられているかをご存じないのであろう。

ユニクロは商品開発、全国展開している販売網の維持と販売、広告・宣伝などによって、国内雇用とＧＤＰとＧＮＰの形成にも貢献している。

辛坊本によれば、ユニクロが日本国内で原材料から縫製まで生産して、販売しないことが、問題だという。それが問題であるのは、ユニクロが日本国内で原材料から縫製まで一貫して生産すれば、もっと雇用が増えたはずだからである、というのである。

この考え方からすると、輸入はすべて問題、すなわち、悪になってしまう。辛坊本は、彼ら自身は気が付いていないが、「日本は何から何まで、日本国内で調達し、生産したほうが国内雇用が増え、ＧＤＰも増えて豊かになれる」といっているのに等しい。

彼らの主張が正しければ、貿易や直接投資を一切排除した鎖国こそが、日本が最も豊かになれる道である。

戦後日本が高度経済成長を経て、世界の富裕国への仲間入りができたのは、自由な貿易があったからである。そのことは、この本の読者ならば、説明するまでもないであろう。

日本がいまだに、石油を輸入せずに、石炭産業を保護して、深い坑道から流水やガス爆発などの危険を冒して、わずかな石炭を掘り出して、エネルギーを賄っていたならば、どのような生活水準になっていたかは、辛坊両氏にも想像できるであろう。

辛坊両氏は、「いや、石油などの自然資源の乏しい日本がそれらを輸入するのは仕方がない。しかし、日本にはたくさんの優秀な労働者がいるのだから、ユニクロはその人たちを雇って、縫製すればよい」と反論するかもしれない。

しかし、ユニクロや青山や青木（いずれも、中国で縫製して日本などで販売する衣料品メーカー）などが原材料から縫製まで一貫して日本国内で生産すれば、かつてのデパートの一着一〇万円を超えるようなスーツしか作れない。そんな高価なスーツを一年に何着も買える人は、辛坊両氏のような一部のお金持ちだけである。

そういう一部のお金持ちだけを相手に商売をしていたからこそ、デパートは売上げがどんどん落ちて、構造的不況業種になってしまったのである。

ユニクロや青山や青木などが原材料から縫製まで日本国内で生産すれば、その衣料品は一部のお金持ちしか買ってくれない。たとえ庶民で買う人があっても、一年に一着がせいぜいのところである。そのため、ユニクロも青山も青木も在庫の山を築いて、生産の大幅縮小や倒産に追い込まれてしまう。ユニクロや青山や青木が、辛坊本が推奨する方法で生産しようとすれば、GDPの増加に貢献することも、国内雇用を増やすこともできないのである。

要するに、辛坊両氏は「貿易の利益」や「国際分業の利益」の原理が分かっていないのである。辛坊両氏は、自分たちは経済学に造詣《ぞうけい》が深いと勘違いされているようであるが、ここでの議論については、本書の第4章で説明する経済学の「比較優位の原則」をじっくり勉強されることをお勧めする。

所得がないと消費できない?

辛坊本は、ユニクロのように、生産の拠点を海外に移転する企業が増えたことが、デフレを引き起こしているとして、デフレの根にある本質的な問題は企業の海外流出にあるという。

そのことを、次のような例を用いて説明する。

「1年前、お店に並ぶコットンのシャツは1万円しました。日本の農家が綿を栽培し、日本の繊維業者が生地を織り、日本のアパレルメーカーが裁断して縫製して日本で作ったものです。日本人は、欲しければこのシャツを買うことができます。農家と繊維業者とアパレルメーカーとお店が稼いだ金額の合計が丁度1万円で、これが日本人の手にする所得だからです。1万円稼いでいますから、1万円のシャツを買えます」(一一〇～一一一頁)。

この例では、一万円の所得は農家と繊維業者とアパレルメーカーとお店の合計の所得で、どの人の所得も一万円未満である。したがって、誰も一人では一万円のシャツを買えない。農家と繊維業者とアパレルメーカーとお店が共同して一着のシャツを買うしかない。

ということで、この辛坊本の例は意味をなさない例であるが、ここでは、農家と繊維業者とアパレルメーカーとお店が共同して一着のシャツを買い、この一着のシャツを四人で交互に着る、と辛坊両氏に対して好意的に解釈して、先に進もう。

「ところが、このところ庶民の財布の紐が締まって、1万円では商品が売れません。そこで、ベトナムあたりで安く作らせて、日本に800円で輸入し、1000円で売ることにしました。随分安くはなりましたが、日本人はこのシャツが買えません。なぜかというと、日本人がこの仕事で得た所得はたった200円、つまり1000円の売値と800円の仕入れ値の差額だけです。８００円はベトナム人の所得です」（一一一頁）。

この例では、一〇〇〇円の売値と八〇〇円の仕入れ値の差額の二〇〇円が日本人の所得、すなわち、日本のＧＤＰになっている。しかし、シャツは一〇〇〇円で売れなかったのだから、シャツの輸入業者は二〇〇円の所得を得ることはできない。ここでも、辛坊本はＧＤＰを解説しながら、次に示すように、ＧＤＰの計算違いを犯している。これではＧＤＰを解説する資格はない。

このケースの日本の所得、すなわち、ＧＤＰはいくらになるだろうか。このケースでは、輸入業者が売れなかった八〇〇円のシャツは輸入業者の在庫投資になる。この在庫投資（八〇〇円）からベトナム人が生産し、日本が輸入したシャツ（八〇〇円）を差し引いたものが日本のＧＤＰになる。したがって、日本のＧＤＰはゼロである。辛坊本では、日本人の所得は二〇〇円になっているが、実は、ゼロなのである。

それでは、辛坊両氏が日本の所得は二〇〇円だと思ったのに、実は、ゼロであるとすれば、なおさら日本人はこのシャツを買えないのだろうか。そんなことはない。

そもそも、日本人に所得がないのに、輸入業者はどうやってベトナムから八〇〇円でシャツを輸入したのであろうか。辛坊本ではこの点が示されていない。

ベトナムでは国内でも米ドルが利用されているくらいであるから、ベトナムからシャツを輸入するためには、八〇〇円に相当する米ドルを調達する必要がある。その方法は二つしかない。一つは、輸入業者自身がかつて稼いでためておいた貯蓄（預金など）を取り崩して、米ドルを買うことである。輸入業者はその米ドルでシャツを買うことができる。もう一つは、米ドルを銀行などから借りることである。

このように、所得がなくても、シャツを輸入できるのは、家計に所得がなくても、これまでの貯蓄（たとえば、預金）を取り崩すか、親戚や知人などから借金するかして、消費することができるのと同じである。したがって、辛坊本の例のように二〇〇〇円しか所得がない場合でも、貯蓄を取り崩したり、借金したりして、一〇〇〇〇円のシャツを買うことはできるのである。

右に述べたことは、一国はGDP（いま問題にしているケースでは所得と言い換えてもよい）がゼロでも、輸入して、消費できるということを意味する。

このことを一般的にいえば、一国はGDPを超えて、消費や投資や財政支出ができるということである。消費や投資や財政支出の合計がGDPを超える分は、貿易・サービス収支（経常収支の大部分を占める）の赤字に一致する。

実際に、アメリカをはじめ西洋諸国のほとんどは、貿易・サービス収支が赤字であり、消費と投資と財政支出の合計はGDPを超えている。

たとえば、一九九四年から二〇〇七年にかけて、アメリカの消費と投資と財政支出の合計の対ＧＤＰ比の平均は一〇三・五％で、ＧＤＰを三・五％超えている。アメリカはこの超えた分のモノとサービスを日本や中国などから借金して輸入している（正確には、輸出を超える輸入をしている）のである。

ちなみに、同じ期間の日本の消費と投資と財政支出の合計の対ＧＤＰ比は、九八・六％で一〇〇％に満たない。この一〇〇％に満たない一・四％は、日本が輸入を超えて輸出している分（すなわち、貿易・サービス収支黒字の対ＧＤＰ比）に相当する。

こうした日米の違いをもたらす主たる原因は、アメリカの消費の対ＧＤＰ比が日本よりも一二・四ポイントも高いことにある。すなわち、アメリカ人はよく消費し、貯蓄をほとんどしないため、財政赤字と貿易・サービス収支の赤字を日本や中国などからの借金で埋めている。

それに対して、日本人は消費を抑制して、よく貯蓄し、その貯蓄で日本の財政赤字だけでなく、アメリカなどの他国の財政赤字や貿易・サービス収支の赤字をも埋めているのである。ちなみに、二〇〇七年の個人貯蓄率（可処分所得に対する貯蓄の割合）は、日本の三・三％に対して、アメリカは〇・六％である。

デフレの原因は企業の海外流出?!

辛坊本の初歩的な間違いの訂正に手間取ってしまったが、ここで、辛坊本の本題に入ろう。

辛坊本は前項で引用したベトナムでシャツを作る例を示した後で、次のようにいう。

「200円の稼ぎで1000円のシャツは買えません。今まで綿を作り、生地を織り、裁断と縫製をしていた人たちが、もっといい仕事を見つけて転職していれば話は別です。でも、企業がどんどん海外に逃げている日本に仕事はありません。失業者が増え、給料が下がります。消費が減ってデフレが起こります」(一一一頁)。

すでに指摘したように、辛坊本の例では、日本の稼ぎは二〇〇円どころかゼロ円である。しかしいずれにせよ、辛坊本の例では、日本から企業がどんどん海外に逃げて行ってしまったわけだから、日本の生産能力はひどく落ちこんでおり、需要に応えるだけの生産能力はないはずである。

一国の生産能力を潜在GDPという。それに対して、GDPに対する需要を総需要という。この用語を使うと、辛坊本によれば、多くの企業が日本から海外に流出してしまったため、日本の潜在GDPは小さくなっている。したがって、潜在GDPは総需要を満たすことができないから、日本は供給不足の状態にある。あるいは、総需要が潜在GDPを超えているという意味で、超過需要の状態にあるといってもよい。

供給不足あるいは需要超過であれば、物価は上がる、つまり、インフレになるはずである。そこで、このような総需要が潜在ＧＤＰを超えている状態を、インフレ・ギャップがあるという。

ところが、辛坊本では、供給が不足しているのに、デフレになるという。辛坊本でデフレが起きたのは、辛坊本が、「日本から企業がどんどん海外に逃げて行ったのだから、日本の生産能力は落ちている」という、供給側で起こっていること、すなわち、潜在ＧＤＰの減少を見逃してしまったからである。

日本経済は需要不足経済

ところが、実際に日本経済全体で起きていることは、需要超過とは反対の需要不足である。すなわち、日本経済全体で起きていることは、潜在ＧＤＰに対して需要が不足している、という需要不足であり、供給過剰である。

一九九〇年代以降、今日（本書執筆時点の二〇一〇年）まで、日本経済は一時期を除いて、潜在ＧＤＰが総需要を超える状態が続いてきた。潜在ＧＤＰが総需要を超える状態をデフレ・ギャップ（または、需給ギャップ）という。内閣府の推計では、日本経済のデフレ・ギャップは二〇〇九年一〇～一二月期にGDP比で六・一％である。これは日本経済が年約三〇兆円の需要不足の状態にあることを意味する。

日本の経済状況は辛坊本が考えているような、供給不足状況とは全く逆で、供給過剰＝需要不足なのである。

たしかに、辛坊本がいうように、日本から海外への企業流出は続いており、潜在GDPは増えてはいるが、その増え方、すなわち、潜在成長率は低下している。しかし、それ以上に、総需要の伸び率が小さいのである。総需要の伸び率が潜在成長率よりも低いからこそ、一九九四年以降、デフレ（GDPデフレーターでみて）が続いているのである。

したがって、辛坊本が主張するように、供給能力を高めるだけの政策をとれば、総需要が増えないまま、潜在GDPだけが増えるため、デフレ・ギャップはますます拡大し、一層のデフレ不況になってしまう。

日本経済が回復するために、いま最も必要なことは、総需要を潜在GDPまで増やして、デフレ・ギャップをなくすことである。そうすれば、潜在GDPが実際のGDPになる。その後は、潜在GDPと総需要がバランスをとって増えるような政策をとればよい。すなわち、そのときが潜在GDPを増加させるための構造改革の出番である。

何が言いたいのか

右では、辛坊本の考えでは、日本経済は長らく供給過剰の状態だったことになると述べた。ところが、他方で、辛坊本は「すべての需要が消えた」という小見出しのもとに、「現在日本のデフレギャップは、30～40兆円といわれています。日本が持っている生産力に比べ、需要がそれだけ不足しているということです」（一四〇頁）と述べている。

これを読むと、辛坊本は日本経済で起きていることを正しく認識しているように見える。しかし、辛坊本は先に引用した文章（辛坊本一一一頁の引用）では、需要不足の要因は日本企業の海外流出にある、という。日本企業の海外流出による国内雇用の減少が消費の大きな減少をもたらすほど大きければ、日本が持っている生産力（潜在的生産力）は大きく低下しているはずである。そうであれば、デフレ・ギャップになるというのは矛盾している。

しかし、辛坊本では、「潜在的な成長力そのものを高める、つまり元気な産業や企業を日本国内で育てる以外、不況から脱する道はないのです」（一一二頁）ともいう。これは日本のもっている生産力は落ちている、といっているに等しい。そうであれば、「日本が持っている生産力に比べ、需要がそれだけ不足している」（一四〇頁）状態が起きるはずがない。起きるはずであるのは、供給不足＝需要超過である。

さらに、「日本が持っている生産力に比べ、需要がそれだけ不足しているということです」に続けて、「これではいくらモノやサービスを作っても売れません」（一四〇頁）とか「長引く不況とフトコロ具合の悪化で高いものが買えなくなったというのが現実なのです」（一四八頁）といいながら、他方では、「国民がモノを買わない、今流行している言い方をすれば、『需要が低迷している』最大の理由は、国内に買いたいモノがない、という点にあります。100円ショップにも、スーパーにも、デパートにも商品はあふれています。まさに、『供給過剰』です。でもあなた、お金があったら、100円ショップのモノを買い占めますか？　要するに、いくら金があっても、要らないものは買わないのです」（二〇七～二〇八頁）ともいう。

つまり、一方では、所得が増えないから（フトコロ具合が悪いから）消費が伸びないといい、他方では、買いたいモノがないから消費が伸びないという。一体どっちなのか、はっきりして欲しい。

右の「あなた、お金があったら、100円ショップのモノを買い占めますか？　要するに、いくら金があっても、要らないものは買わないのです」という問いに対しては、とりあえず、「100円ショップに家があれば買いますが」と答えておこう。

しかし、問うべきは、「お金があったら、100円ショップのモノを買い占めるか」ではなく、「いままで100円ショップのモノしか買えませんでしたが、お金があったら、いまのフトコロ具合では買えずに我慢しているモノを買いますか」である。

お金が十分ある辛坊両氏はすでに買いたいモノがないほど、多くのモノを持っておられるのであろう。しかし、所得が低い人ほど、日本製品の中に買いたいものが一杯あるのに買えずに我慢しているのである。大勢の人が、宝くじが売りに出されるたびに宝くじを買うのを見れば、多くの人が、いかに買いたいものがたくさんあるのに、買えずにいるかが分かるはずである。

辛坊両氏は、失業して、長い間職がなく将来不安に陥っている人、正社員の六割程度の所得しかなく、いつ解雇されるかとおびえている非正社員、小さな子供を抱えて低賃金のパートをいくつもこなしながら、寝る暇もなく働いてようやく生きている母子家庭、ごくわずかな年金しかない高齢者などに向かって、「『需要が低迷している』最大の理由は、国内に買いたいモノがない、という点にあります」と平然と言ってのけるのである。

小泉改革で企業流出が止まったか

辛坊本は小泉・竹中改革は「日本沈没を食い止めた」（辛坊本第3章）と述べているが、小泉・竹中時代に株価と成長率は上昇し、失業率は低下し、財政は改善し、格差の拡大率は鈍化した、といったデータを示すだけで、小泉・竹中改革のうちの何がどのようにして日本沈没を食い止め、株価と成長率の上昇、失業率の低下などをもたらしたのかは全く示していない。

この辛坊本の推論は、

「小泉・竹中時代に、株価が上昇した」
「小泉・竹中時代に、成長率も上昇した」
「小泉・竹中時代に、失業率も低下した」

という観察から、逆に、株価が上昇したのも、成長率が上昇したのも、失業率が低下したのも、小泉・竹中改革のおかげだ、という結論を導く、帰納法の一つであるアブダクションである。

しかし、小泉・竹中時代に起きたからといって、それらが起きた原因は小泉・竹中改革である、と結論することはできない。もしそのように因果関係を導くことができるのであれば、小泉・竹中の時代に起きたことはすべて小泉・竹中両氏が引き起こしたことになってしまう。

小泉・竹中時代に起きたことで、辛坊本にとって具合の悪いことを示すことは容易である。たとえば、辛坊本が憂えている日本企業の海外流出の変化を見てみよう。一九九〇〜九五年度と九六〜二〇〇〇年度の日本の対外直接投資（これは日本企業の海外流出に相当する）はそれぞれ、二兆九六二〇億円と三兆二〇二〇億円で、両期間ともGDP比〇・六％であった。それが、小泉・竹中時代（二〇〇一年四月から二〇〇六年九月）に、四兆四五一〇億円へと九六年度から二〇〇〇年度よりも三九％も増加し、GDP比も〇・九％へと急上昇した（データは財務省『国際収支統計』）。

辛坊本流に考えると、小泉・竹中両氏は辛坊本が最も重視する日本の海外流出を止められなかったどころか、促進してしまった大悪人になる。

実質賃金（名目賃金を消費者物価で調整した賃金）は小泉・竹中改革が始まった二〇〇一年度は一％上昇したものの、その後は小泉・竹中時代中、下がり続けた（厚生労働省『毎月勤労統計調査』による）。実質成長率は小泉・竹中改革の二年目からプラスになり、〇三年度から〇六年度まで二％台に上昇したにもかかわらず、働く人々の賃金は改善するどころか、悪化したのである。

辛坊本は、不平等度の指標であるジニ係数の上昇率は小泉・竹中時代に鈍化したというが、不平等度が大きくなったことに変わりはない。小泉・竹中改革が始まる前の年の二〇〇〇年には、年間の民間給与が二〇〇万円以下の人は八二五万人だったが、小泉・竹中時代の終わりの二〇〇六年には一〇二三万人へと、二四％も増加した。一方、二〇〇〇万円超の人は二〇〇〇年には一七万八〇〇〇人だったが、二〇〇六年には一九万六〇〇〇人へと一〇％も増加した（国税庁『民間給与実態調査』）。すなわち、小泉・竹中時代に、最低所得層が急増する一方で、最高所得層が増加して、貧富の差が拡大したのである。

辛坊本が重視する個人貯蓄率に至っては、小泉・竹中改革が始まる前年の二〇〇〇年は八・七％もあったのに、小泉・竹中時代に急落し、二〇〇六年には三・八％と、二〇〇〇年に比べて五七％もの低下である。

辛坊本は「経済成長の観点に立った時に、少子化は確実に悪なのです」（四〇頁）と断言しているが、小泉・竹中時代の前年の二〇〇〇年に一・三六あった合計特殊出生率は、小泉・竹中時代に下がり続け、二〇〇五年には一・二六と一・三台を割ってしまった。辛坊本流にいえば、「小泉・竹中は少子化を促進した悪人である」。

幸いなことに、小泉・竹中時代が終わったためか、合計特殊出生率は二〇〇七年と二〇〇八年にはそれぞれ一・三四と一・三七まで回復した（国立社会保障・人口問題研究所『人口問題研究』による）。

数え上げれば、きりがないのでこの辺でやめるが、要するに、帰納法のアブダクションで因果関係を証明することはできないのである。経済学が因果関係をどのように明らかにするかは、次章で説明する。

この章では、シロウト経済学の代表選手として、辛坊本を取り上げ、それがいかにインチキであるかを明らかにした。

ところで、辛坊本の本題は、やがて、日本の財政が破綻して、ハイパー・インフレか大増税がやってくるという点にあるが、この点については、第6章で検討することにする。

第3章

経済学は演繹で考える

第1章では、経済学の専門家でない人たちが語る経済を、シロウト経済学と呼んで、その特徴は帰納法にあることを示し、第2章でその代表例として辛坊本を取り上げ、帰納法では真実に近づくことはできないことを明らかにした。

それに対して、経済学の思考法は演繹法である。そこで、この章では、経済学の演繹的思考がシロウト経済学とどのように異なるかを説明しよう。

演繹法とはなにか

経済学の思考は演繹法であると述べた。それでは、演繹法とはどういうものか。帰納法とはどこがどう違うか。

演繹法とは、

「AであればBである」

という論理形式で、Aが仮定（あるいは、前提ともいう）で、Bが結論である。結論を命題という。仮定Aから命題Bを導くためには、論理的推論が用いられる。よく知られている論理的推論法に、次のような三段論法がある。次の例は、三段論法を説明するときによく使われる例である。

A「人間はすべて死ぬ」

Ｂ「ソクラテスは人間である」
Ｃ「ゆえに、ソクラテスは死ぬ」

ここでは、Ａが大前提、Ｂが小前提で、これら二つの前提からＣの命題が得られる。演繹法は仮定（あるいは、前提）が正しければ、仮定から結論を導く論理的推論を間違えなければ、命題も必ず正しい。したがって、演繹法では、仮定が正しいかどうかが決め手になる。

それに対して、帰納法は同じことが何回も起こることから、結論を導くので、結論は必ずしも真ではなく、結論が真実と考えられる確実性の程度、すなわち、蓋然性（確からしさ）を示すにとどまる。

それでは、経済学の演繹法は具体的にどのようなものであろうか。

経済学の演繹法とはどういうものか

経済はさまざまな経済主体の経済行動の結果である。したがって、経済の動きを知るためには、さまざまな経済主体がどのような経済行動をとるかを分析しなければならない。ここに、経済主体とは意思決定ができる主体をいう。意思決定主体は大きくは、個人（あるいは、家計）、企業、政府に分けて考えることができる。

経済学では、個人（以下では、人あるいは人々という場合もある）や企業や政府は何らかの目的を持ち、その目的を一定の制約の下に最大限達成しようとする意思決定主体である、と捉える。このような行動を合理的行動という。

例えば、人々の消費行動を取り上げてみよう。この場合には、個人は一定の所得の制約の下で、自分の効用が最大になるように、さまざまな物とサービスに対する需要量（消費量といってもよい）を決定する主体である、と考える。効用は満足と言い換えることもできる。この個人の行動原理を、一定の予算制約の下での効用（あるいは、満足）最大化行動という。

ここで、個人にとっては、物の価格はすでに決まっており、個人の消費量がどうであれ、変わらないと仮定すれば、この個人の効用を最大にするためには、どのような物とサービスをどれだけ買えばよいか、という命題を導くことができる。

以上の推論における仮定（前提）をまとめると、次のようになる。

①個人は物やサービスの消費から得られる効用が最大になるように、物やサービスの需要量を決定する。

②個人が消費に割ける所得は限られており、一定である。

③個人のさまざまな物とサービスに対する需要量が変化しても、それらの価格は変わらない。

これら三つの仮定から、論理的に推論していくと、例えば、「人々は物の価格が下がれば、その物の需要を増やす」という命題が得られる。この命題を需要法則という。

経済学では、仮定から命題を導き出すための推論方法としては、数学が用いられる。したがって、仮定が正しく、この数学を用いた計算を誤らなければ、命題は必ず正しい。

帰納法と経済学の演繹法はどう違うのか

読者はそんな面倒な手続きを踏まなくても、右のような需要法則は日常的に観察される当たり前のことではないか、と思われるであろう。

しかし、右の経済学的演繹法の意義は次の点にある。すなわち、経済学的演繹法によってはじめて、需要法則が成り立つためには、どのような条件が必要であるかがわかる、ということである。

経済学的演繹を進めていくと、後で述べるように（七八〜七九頁参照）、実は、需要法則が成り立つためには、右にあげた三つの仮定がすべて成立するという条件以外にも、もう一つの条件が成立する必要であることが分かる。このことは帰納法によっては分からないことで、経済学的演繹によってはじめて分かることである。

帰納法によって分かることは、「ある物の価格が下がると、その物に対する需要が増える確率は高い」ということだけである。帰納法によっては、需要法則が成り立つためには、どのような条件が満たされていなければならないかは分からない。したがって、なぜ、いま述べたような確率が高くなるのかも分からない。

自然科学における実験

経済学の考え方は、物理学のような自然科学の考え方と同じである。

たとえば、わたしたちは、「重いものは軽いものよりも早く落下する」という現象を何度も見ている。石は早く転げ落ちるが、木の葉はひらひらと舞い落ちる。大昔の人もこういう風景を何度も見て、帰納法により「重いものは軽いものよりも早く落下する」ことを真実として認識した。

しかし、この帰納法からは、なぜ、重いものは軽いものよりも早く落下するのかは分からない。そのため、アリストテレスは「重いものの本来の位置は下にある。したがって、重いものほど本来の位置に早く戻ろうとして、早く落ちるのだ」と説明した。なんだか分かったような、分からないような、奇妙な説明であるが、実は、何も説明したことにならない。

ガリレオは物が落ちるときの速度に関する基本的原理、すなわち、落体の法則を思考的実験によって発見した。その一つは、物体が自由落下するときの時間は、落下する物体の質量には依存しない、ということであった。自由落下とは重力以外の外力が働かない状況での落下をいう。

ガリレオはこの思考実験の正しさを証明するために、ピサの斜塔から大きさの異なる二つの玉を同時に落とし、それらが同時に着地するのを見せたという。しかし、これはガリレオの弟子の作り話のようである。

実際に物が落ちるときには、重力以外にも、空気抵抗という外力が働いているから、ピサの斜塔から落ちた二つの玉は異なる空気抵抗を受けて、着地は同時ではなかったであろう。そこで、ガリレオの落体の法則を証明するためには、空気抵抗のない真空状態を作らなければならない。真空を作って、真空中ではどんな形状のものであれ、同時に落下することを初めて確認したのは、イギリスの物理学者・化学者ロバート・ボイル（一六二七〜九一）である。

専門家でない人には空気抵抗のない空間を作ることはできないが、同じ質量でも、空気抵抗が異なると、落下速度が異なることは、読者にも簡単に確認できる。たとえば、一万円札を二枚用意し、一枚は広げたまま、もう一枚は二つにたたんで、同じ高さから同時に落としてみよう。二つにたたんだ一万円札のほうが広げたままの一万円札よりも早く落下することが分かる。広げたままの一万円札のほうが表面積が大きいために、より大きな空気抵抗を受けて、落下速度は遅くなるのである。

このように、空気抵抗が異なると、落下速度がどのように異なるかを調べるには、落下速度に影響するかもしれない条件を同じに保たなければならない（右の例では、質量が同じ一万円札）。そうでなければ、落下速度が異なったのは、空気抵抗が異なったからなのか、それとも質量が異なったからなのかを判別できないからである。

経済学は思考実験室を作って演繹する

真空での落下実験のように、物理や化学では、実験によって何がどのように起きるかを試してみることができる。

しかし、経済学では、物理的に実験室を作ることはできない。その代わりに、思考の実験室を作るのである。

右の経済学の消費者行動の理論では三つの仮定を設定して、ある物の価格だけが変化した場合に、その物の需要はどのように変化するか、という思考実験をした。

私はある人が経済学の仮定に関して次のような感想を述べたのを聞いたことがある。その人はある中央官庁の高級官僚であったが、アメリカの大学で経済学者が論文を発表するのを

聞いたことがあるそうで、

「仮定、仮定というのにはびっくりしました。経済学は仮定だらけですね。あんなに仮定しなければならない理論に現実性があるんでしょうか」

というのである。

読者も経済学会で経済学者の発表を聞けば、おそらく、この高級官僚と同じ感想を抱くであろう。

しかし、たとえば、需要法則を導くには少なくとも先（七二頁）の三つの仮定（厳密には、以下で述べるようにもう一つの仮定がいる）が成立していなければならない。そして、ある物の価格が変化したときに、それに対する需要がどう変化するかを知るためには、そのときに問題にしている人の所得とその物以外のすべての物とサービスの価格は変化せずに一定であると仮定しなければならない。

その人の所得や他の物の価格も同時に変化してしまうと、その物の需要が変化した原因がその物の価格が変化したためなのか、あるいは、その人の所得や他の物の価格も同時に変化したためなのかが、判別できなくなってしまうからである。

このように、当該の物の価格以外の条件は変化しないという仮定をおくのは、先に、一万円札の落下と空気抵抗の関係を調べるときに、落下速度に影響するかもしれない他の条件

（先の例では、質量が同じ一万円札）を同じに保たなければならないと述べた理由と同じである。しかし、消費者行動の理論における三つの仮定は絶対的なものではなく、思考実験のための装置に過ぎない。したがって、仮定を変えて、異なる思考実験をすることが可能である。たとえば、三つの仮定のうちの②を変えて、個人が消費に割ける所得が増えたとしてみよう。新たな仮定のセットは、①と③と「④個人が消費に割ける所得が以前よりも増えた」という組み合わせである。

この新しい仮定のもとで、消費者が効用を最大にするようにさまざまな物とサービスの需要量を決めるとして、演繹すると、「需要量が増える物もあれば減る物もある」という命題が得られる。つまり、所得が増えたときに、ある物の需要量が増えるか減るかは、人によって異なり、どの人についても同じ命題は導けないのである。

たとえば、ある人は所得が増えると、高級レストランで食事する回数を増やし、コンビニ弁当を買う回数を減らすかもしれないが、他の人はそうしないかもしれない、ということである。このように、所得が増えたときに需要が増える物は、その人にとっては上級財（または、普通財）であるといい、減る物はその人にとっては下級財であるという。

上級財と下級財に触れたので、先に、需要法則が成り立つためには、①から③の三つの仮定がすべて成立するという条件以外にも、もう一つの条件が成立する必要があると述べた点

（七三頁参照）について説明しておこう。

このもう一つの条件が成立しない場合には、「ある物の価格が下がると、それに対する需要は減少する」というように需要法則が成立しないことがあることが分かる。

たとえば、非ブランドの背広（多くの人にとっては下級財であると考えられる）の価格が大幅に下がると、非ブランド背広を今までよりも大幅に少ない予算で買えるので、その需要を減らして（たとえば、いままで一年に二着買っていたのを一着に減らして）、浮いた予算で高級ブランドの背広（多くの人にとって、上級財であると考えられる）を買う、といったことが起こりうる。

このように、多くの人にとって非ブランドの背広が下級財である場合には、その価格が下がると、需要は減ってしまい、需要法則は成り立たなくなるのである。

さらに、②の仮定を「個人は所得のすべてを消費するのではなく、一部を貯蓄する」とか「借り入れて消費できる」というように仮定を変えたときに、さまざまな物の需要量がどのように変わるかも、思考実験で調べることができる。

あるいは、Aという物の価格が上がったときに、Aとは違うBという物の需要量がどのように変わるか、という思考実験もできる。たとえば、ガソリン（A）の価格が上がると、鉄道で旅行する（B）回数は増加するが、自動車で旅行する回数（C）は減少する、という命題が演繹的推論から得られる。

以上をまとめておこう。

経済学は仮定を設定して、その仮定の下で、一定の目的をもった人や企業や政府がその目的を最大限実現するように行動すると考える。そして、はじめに設定した仮定が変化した場合に、人や企業や政府の行動がどのように変わるかを演繹的に推論する、そういった思考実験により、さまざまな命題を導き出す。

前例のないことも予測できる

帰納法は実際に起こったことから類推する思考方法であるから、起こったことがないこと、すなわち、前例のないことを試みたときの結果を予測することはできない。

それに対して、演繹法は思考実験であるから、前例のないことを試みた場合の結果を予測することができる。

たとえば、ジョン・メイナード・ケインズ(一八八三〜一九四六)が財政支出増加による不況克服政策を主張するまでは、イギリスをはじめ多くの国の大蔵省(あるいは、財務省)は支出を税収に一致させる均衡財政主義を採用していた。それに対して、ケインズの経済理論からは、不況期に財政支出を税収以上に増やせば(したがって、財政は赤字になるから、国債発行が増える）、国内総生産と雇用が増大して、失業が減少する、と予測することができる。

次の例は日本の年金問題である。日本の年金は、退職世代が受け取る年金給付額を減らさなければ、現役の負担が増大するため、そのうち破綻する、と主張される。しかし、年金給付額を減らす政策は前例がないから、帰納法では果たして現役の負担が減るのかどうかは分からない。年金給付額を減らせば、現役が払う年金保険料を上げずにすむから、現役の負担が減るだろうと、期待するだけである。

しかし、年金の経済理論を作って、思考実験すると、年金給付の減額と年金保険料の引き下げの組み合わせにより、すべての現役の負担が減るわけではないことが分かる。それは次のようなことが起きる可能性があるからである。

年金給付額が減ると、年金給付を受けて生活している人が消費に割ける予算は減ってしまう。そこで、ある年金受給者は働きに出て、年金給付額の減少を補おうとするであろう。あるいは、持ち家を持っている人はそれを担保に銀行から借り入れ、その借金で消費を賄おうとするかもしれない。この場合には、年金受給者が死亡したときに、銀行は担保に取った持ち家を取得して、貸し金を回収する。これをエクイティ・ローンというが、すでに利用している人もいる。

年金受給者がエクイティ・ローンを利用すると、その子供の相続財産は減少する。そのため、その子供にとっては、年金保険料の引き下げは相続財産の減少で相殺されてしまい、差し引き負担の減少にはならない。

年金受給者はエクイティ・ローンを利用せずに、保有している金融資産を売却して、その売却代金で消費することもできる。この場合にも、その子供である現役世代の年金保険料引き下げの利益は、相続財産が減った分だけ相殺されてしまう。

結局、現役のうち、年金給付減額と年金保険料の引き下げの組み合わせによって利益を受ける人は、年金給付減額以上の財産を持っていないため、消費を減らすしかない親を持っている子供だけである。

経済学的に思考実験すると、現役世代はこのような思いもかけぬ年金受給者のしっぺ返しに合うことが予測できるのである。

帰納法では、このような前例のない政策の効果を予測することはできない。

理解しやすい部分均衡モデル

一連の仮定を設定し、数学的に演繹して命題を導く経済学の体系を経済理論または経済モデルという。したがって、経済モデルは仮説、演繹、命題から構成される仮説の体系である。

この経済モデルには部分均衡モデルと一般均衡モデルの二つがある。

部分均衡モデルとは一部の市場にだけ注目したモデルである。たとえば、自動車が取引される市場にだけ注目して、どのように自動車の価格が決まるかを分析するのは、部分均衡モデルである。この場合に、自動車市場以外の市場は自動車市場で起きた変化の影響を受けないと仮定する。

たとえば、ガソリン価格が高騰して、それが長期にわたると、自動車需要が減少する一方で、鉄道サービス需要が増大する。その結果、鉄道運賃が上昇する可能性がある。すると今度は、この鉄道運賃の上昇が自動車の需要を増やすことになる。

このように、自動車市場と鉄道サービス市場とは相互に影響しあうという意味で、相互依存関係にある。

しかし、自動車市場だけに注目する部分均衡モデルでは、鉄道運賃の上昇が自動車市場に及ぼす影響を考慮しない。

鉄道運賃上昇が自動車市場に及ぼす影響を無視する自動車市場の部分均衡モデルは、不完全である。しかし、部分均衡モデルを作るのは比較的簡単であるので、他の市場が当該市場に及ぼす影響の程度が小さいと考えられる場合には、しばしば、第一次接近として、部分均衡モデルが利用される。ただし、そこで得られた命題を解釈するときには、他の市場の反応が当該市場に及ぼす影響を無視していることに留意する必要がある。

複雑な一般均衡モデル

それに対して、一般均衡モデルは相互依存関係にある市場をすべて考慮して分析するモデルである。その代表例はマクロ経済モデルである。

マクロ経済モデルでは、市場を大きく財市場、資産市場、労働市場の三つに分けてモデルを作る。財市場は国内総生産物（ＧＤＰ）が取引される市場である。国内総生産物は財の供給である。それに対して、国内総生産物に対する需要（支出ともいう）は、民間消費、民間投資、政府支出（あるいは、財政支出）および輸出から構成される。これらのうち、民間消費と民間投資および政府支出は国内の居住者の需要であるので、内需という。それに対して、輸出は外国の居住者の需要であるので外需という。

右の需要の中には外国で生産されたモノに対する需要が含まれている。たとえば、ドイツで生産されたベンツの購入は民間消費に含まれるが、ベンツは日本国内で生産されたものではないので、日本の国内総生産（ＧＤＰ）に対する需要ではない。そこで、国内総生産に対する需要を求めるときには、ベンツのような外国で生産されて日本に輸入され、個人によって購入された物は民間消費から控除しなければならない。

同様に、民間投資や政府支出の中にも輸入製品（外国で生産されて、日本の居住者である日本企業によって購入された機械など）が含まれているので、日本の国内総生産に対する需要を求めるときには、それらの輸入を控除しなければならない。

以上から、国内総生産に対する需要は、民間消費、民間投資、政府支出および輸出の合計から輸入を差し引いたものになる。

資産市場で取引される資産は大きくは土地と金融資産に分類される。金融資産には現金、預金、債券（国債や社債など）、株式、外貨建て証券などがある。一般的に用いられているマクロ経済モデルでは、土地は考慮せず、金融資産だけに注目し、金融資産を現金・預金と債券に大別して資産市場のモデルを作る。これらのうち、最も一般的なマクロ経済モデルでは、現金と預金を一括して貨幣（マネー）とし、貨幣と債券だけに注目する。このように、資産市場で取引される資産を絞るのは、金利の決定に注目するためである。

外国為替相場の影響を考慮する場合には、貨幣と債券に加えて外貨建て金融資産が考慮される。

労働市場には生産能力の異なる労働者が存在する。したがって、賃金も生産能力の違いを反映して複数存在するが、一般的なマクロ経済モデルでは、単純化して、すべての労働者を一括して一種類の労働者とみなし、賃金も一つであるとして分析する。

以上の財市場と資産市場と労働市場は相互に影響しあう相互依存関係にある。マクロ経済モデルはこれら三つの市場の相互依存関係を考慮して、一定の財政政策（政府支出と税金）と金融政策の組み合わせの下で、国内総生産、物価（あるいは、インフレやデフレ）、民間消費、民間投資、輸出、輸入、金利、雇用、失業率、外国為替相場などがどのように決まるかを分析する。右に述べた国内総生産や物価などをマクロ経済変数という。

マクロ経済モデルでは、最初に一定と仮定した財政政策と金融政策が変化すると、各種のマクロ経済変数がどのように変化するかを思考実験することができる。

たとえば、国内需要が国内総生産に比較して不足しているため、失業者が存在している状況で、金融緩和政策を実施するとしよう。この政策によって、金利が低下すると、民間投資が増え、円が外国の通貨に比較して安くなるため、輸出が増えて、輸入が減少する。その結果、国内総生産に対する需要が増え、その需要に応ずるために、国内総生産も増える。企業は国内総生産を増やすためには労働者をより多く雇う必要があるので、失業率が低下するとともに、賃金が上がる。雇用が増えて、賃金が上がると人々の所得が増えるため、民間消費も増える。

マクロ経済モデルからは、不況下の金融緩和政策は以上のような効果を発揮すると予想されるのである。

他の事情を一定としていることに注意

先に、ある物の価格の変化がその物の需要をどう変化させるかを分析するときには、個人の所得とその物以外の物とサービスの価格は一定で変化しないと仮定する、と述べた。そのように仮定しなければ、結果をもたらした原因が何かを明らかにすることができないからである。

このように仮定することを、経済学では、「他の事情を一定として」という言葉で表す。右の金融緩和政策の効果を述べたときには断らなかったが、その場合でも、金融緩和政策の効果に影響すると考えられる、人々が予想するインフレ率（これを予想インフレ率という）や外国の景気の事情などは一定で変化しないと仮定している。したがって、正確に言えば、「他の事情を一定として、金融緩和政策を採用すると、国内総生産などのマクロ経済変数はどのように変化するか」を分析対象にしていることになる。

経済学の論文や著書などでは、「他の事情を一定としている」ことは当然であるので、明示的には述べないことが多い。したがって、読者が経済学の著書や経済学者の発言を聞くときには、暗黙のうちに「他の事情を一定としている」ことを理解しておく必要がある。

多くの人がそのことを認識していないために、次のような誤解がしばしば生ずる。

「金融緩和政策で名目金利を引き下げたのに、民間企業投資は増えなかったではないか。だから、経済学者のいうことは机上の空論だ」

名目金利が低下しても、民間企業投資が増えない理由にはいろいろあるが、その一つに、金融緩和政策とともに、「一定と仮定した他の事情」が変化していることが考えられる。

たとえば、金融緩和政策が実施されたときに、経営者が弱気になって、将来の予想売上高が減少するといったケースである。このように、経営者が弱気になると、名目金利が低下しても、将来の生産能力の増大につながる設備投資は増えない可能性がある。

あるいは、名目金利の低下とともに、経営者をはじめとして、人々の予想インフレ率が低下する場合がある。一九九〇年代半ば以降の日本では、予想インフレ率は低下してマイナスになってしまった。すなわち、デフレが予想されるようになった。この場合には、名目金利の低下が起きたときに、予想デフレ率（予想される物価下落率）も大きくなるといったことが起きる。予想デフレ率が大きくなれば、名目金利が多少下がっても、設備投資を設備の価格がもっと下がる将来に延期したほうが企業にとっては有利になる。その結果、名目金利が下がっても民間企業投資は増えない。

したがって、読者は「現実に起きたことは経済学の予想とは違っている」と即断する前に、「違っているように見えるのは、暗黙のうちに一定とされている仮定が変化したためではないか」と考えてみる必要がある。

単純化によって見えてくるもの

右でマクロ経済モデルを説明したときに、資産市場には貨幣と債券しかないと仮定し、労働市場には一種類の労働者しか存在しないと仮定する、と述べた。

読者はこれらの仮定に対しては抵抗を感ずるのではないだろうか。

資産市場には、貨幣と債券以外にも、株式や投資信託商品や保険商品、さらに、さまざまな派生証券（デリバティブズ）などがある。マクロ経済モデルでそれらの存在をすべて無視しているのはおかしい、と思われるであろう。

また、労働市場には、大卒もいれば高卒もいるし、熟練労働者もいれば、未熟練労働者もおり、それぞれの賃金も異なる。そうした違いを無視して、一種類の労働者と賃金しか存在しないと仮定するマクロ経済モデルは現実離れしている、と思われるであろう。

資産市場には貨幣と債券しか存在しないとか、労働市場には一種類の労働者しか存在しないなどと仮定することを、単純化の仮定という。こうした単純化の仮定を置いてモデルを作るのは、それによって、分析しようとしている対象を鮮明に浮かび上がらせることができるからである。

実際の財市場も資産市場も労働市場もマクロ経済モデルが設定する市場よりもはるかに複雑である。しかし、複雑である現実を複雑なまま観察しても、何も理解できない。現実を単純化して人工的なモデル（人工的な経済空間といってもよい）を作って、そのモデルの中で、さまざまな経済変数（金利や政府支出など）を動かすという実験を試みることによって、現実の動きの本質的な部分をつかむことができるようになるのである。

たとえでいえば、経済モデルとは写真ではなく、漫画家が描く似顔絵のようなものである。漫画家は人の特徴を際立てて似顔絵を描く。この似顔絵によって、写真では気が付かなかったその人の特徴に気が付くのである。

小泉純一郎元首相であれば、写真よりも似顔絵のほうがあのライオン髪が誇張されて、小泉氏の特徴がよく出ている。

経済モデルの検証と仮説の体系

似顔絵に上手い下手があるように、経済モデルの単純化にも上手い下手がある。単純化が下手であると、意味のある命題を導けないことがある。

ここで、経済学は単純化した経済モデルから命題を導くことでは終わらないことに注意しておこう。得られた命題が現実に妥当するかどうかをチェックすることが残されているからである。これを経済モデルの検証という。

チェックの仕方にはいろいろある。最も簡単なチェックは、経済モデルで得られた因果関係を実際のデータの散布図を描いて、確かめることである。

散布図に描かれた関係がどれだけ信頼できるかをチェックするための方法に回帰分析がある。たとえば、消費者行動の理論から、ある物の需要がその物の価格が下がれば増え、人々の所得が増えれば増える、という命題が得られたとしよう。この場合には、ある物の需要はその物の価格と人々の所得に依存するから、二次元の散布図は描けない。そこで、回帰分析が必要になる。その例は、第7章で示す。

その他にも、経済モデルの現実妥当性を検証する手段はあるが、本書の目的を超えるので、興味のある読者は専門書に当たっていただきたい。

経済モデルの検証によって、そのモデルから導かれた命題の統計的信頼性が高いことが分かれば、そのモデルの現実性は高いと判断される。

しかし、統計的信頼性が低ければ、データの選択に問題があるか、モデルで設定した仮定のうちのどれかが不適切であるか、あるいはその両方である、と判断される。後者であれば、最初に設定した仮定を変えてみて、演繹してみる。すると、前とは異なる命題が導かれるので、その命題の現実妥当性を実際のデータで再び検証してみる。この検証でも、命題の統計的有意性が低ければ、さらに仮定の設定を変えてみる。

このように、経済学は、「仮定、演繹、命題、命題の検証」を繰り返して、現実の経済をよりよく説明できる経済モデルを追究し続ける社会科学である。したがって、経済学はゴールなき仮説の体系といえる。

歴史上、さまざまな経済モデルが登場したが、その中には長期にわたって生き残るものもあるが、ごく短命で終わってしまうものも少なくなかった。現在でも、生き残っている経済モデルを集大成し、編集したものが、経済学者が共通して依拠する経済学のテキストである。

この章では、経済学とはどのようなものかを一般的に説明した。そこで、次章では、話を一層具体的にして、経済学から得られる経済の基本原理を明らかにし、そのうえで、経済学がなぜ市場原理を重視するかを説明しよう。

第4章

経済の基本原理

前章では、演繹法で考える経済モデルについて説明した。この章では、経済モデルから導かれる経済の基本原理のうち、知っておくと経済に対する見方が深まるものを、いくつかとりだして説明しておこう。

この章で示す経済の基本原理は帰納法を用いるシロウト経済学からは導き出せない。

費用とは機会費用である

経済を理解する上で、重要な概念に機会費用がある。

私たちは買い物をするときに、価格に等しいお金を支払う。その価格が物を買うときの費用である。あるいは、お金を借りるときには利子を支払う。その利子がお金を借りるときの費用である。

それでは、次のような場合はどうだろうか。仮の話であるが、読者はある人から、買えば三〇万円もする高級腕時計をプレゼントされたとしよう。しかし、読者はこれまで使っていた、安物であるが、顔を洗うときも、風呂に入るときも、泳ぐときにもはずす必要のない完全防水時計が気に入っている。そのため、プレゼントされた高級腕時計は机の引き出しにしまったまま使わないとしよう。

そこで、私が「どうせ使わないのなら、私にくれないか。タダでもらって、一円の費用もかかってないのだから、タダでくれてもいいでしょう」といったら、読者はどうするだろうか。

おそらく、ほとんどの読者がタダではくれないだろう。タダでもらって、しかも使いもしない腕時計をタダではくれないのである。

大切な人からもらった腕時計だから、どんなにお金を払ってもらっても他人に譲る気はない、というのも一つの答えである。しかし、いまはその選択肢はないとしよう。そうすると、読者は、「この時計は三〇万円もするんだ。まあ、一割まけて、二七万円なら譲ってもいいけど」などというのではないだろうか。読者は強欲というべきだろうか。

この話は費用とは何かの本質をついている。他人に高級腕時計を見せびらかして悦に入るという趣味を持たない読者にとっては、この高級腕時計は効用がない。しかし、中古品でも売れば二七万円くらいにはなりそうだ。そこで、「一割引なら売ってもいい」といったのである。

それに対して、もしも私にタダで譲ると、二七万円で売れたかもしれない価値を失ってしまう。

この失う価値が読者にとっては、この高級腕時計を読者が手放すときの費用なのである。たしかに、読者はこれを費用とは意識していない。しかし、私がその費用に等しい金額を支払わなければ、読者は私にその高級腕時計を譲ろうとしないのである。

以上から、「費用とは、あることを選択することによって失う価値である」と定義することができる。右の例の「選択」とは「私に高級腕時計を譲る」という選択である。

経済学では、「あることを選択することによって失う価値」を、「機会費用」という。機会費用という概念は価格が明示されていないときにも、費用が発生していることを理解するうえで有益な概念である。これが有益であるのは、読者が「二七万円なら売る」というように、人々の行動を規定する概念だからである。

個人にせよ、企業にせよ、ある行動を選択するときには、その選択から得られる効用（個人の場合）または利益（企業の場合）と、その行動を選択することによって失う価値である機会費用との大小関係を比較しながら、効用または利益を最大にしようとして、行動していると考えられる。したがって、個人や企業の意思決定で問題になる費用とは、機会費用である。

価格が付いていなくても費用は存在する

物に価格が付いていれば、その物を得るための費用がなんであるかは分かりやすい。しかし、物やサービスに価格が付いていない場合には、何が費用（つまり、機会費用）かは分かりにくい。そういう費用の例を紹介しておこう。

これを書いている現在、私はタイのバンコクに滞在している。そのため、私が勤めている大学からもらったメール・アドレスは使えない。そこで私は、検索エンジンのグーグルからメール・アドレスをもらってそれを使っている。大学の私のメール・アドレスに届いたメールはこのグーグルのメール・アドレスに転送される。

グーグルからメール・アドレスをもらい、それを利用するために、私は一円も払っていない。それでは、グーグル・メールを利用するときの費用はタダであろうか。

グーグルのメールを利用していると、メールの右のほうに、「ANA　日本―タイ航空券」、「バンコクの不動産のことなら○○へ。タイで二〇年の実績」といった広告が表れる。こういう広告が出てくると、はじめのうちは、「何で私がタイにいることを知っているのか」と気味が悪くなる。しかし、よく考えてみれば、グーグルも無料でメールの配信を提供すれば、配信費用だけが発生し、利益は得られない。したがって、何とか配信費用を回収する方法を考えるはずである。

グーグルは私のメールの内容を盗んで（！）、私がタイに滞在していることを知り、タイに滞在している私にとって有益と思われる情報を流し、その対価として広告の依頼主からメール配信にかかった費用を徴収しているのである。

一方、広告の依頼主はグーグルが広告効果が大きい人を選んで、その人に広告を送ってくれるので、広告料をグーグルに払って広告を依頼する。

それに対して、私は私がタイに滞在しているという情報をグーグルが悪用しない限り、グーグル・メールを利用するためには、グーグルが私に関する情報を利用するのも仕方がないと考えて、グーグル・メールを使い続ける。

グーグルも広告主も私も得をする。なるほど、うまい商売を考えたものである。

それでは、私自身は直接にはグーグルに費用を払ってはいないが、誰が支払っているのであろうか。広告主であろうか。ことはそう単純でないところに、経済の本質がある。

単純でないのは、広告主は自らが販売する物の価格にグーグルに支払った広告料を上乗せしようとするからである。広告主の販売する物に対して十分な需要がない場合には、この上乗せは失敗する。そのため、広告主はグーグルに支払った広告料を回収できない。この場合には、広告の費用は広告主が全額負担する。

しかし、広告主の販売している物に対する需要が大きくなるにつれて、かれらは販売する物の価格に広告料を上乗せする割合を増やすことができるようになる。この場合には、広告主の販売する物の消費者が広告料の一部、場合によっては、全部を負担することになる。

したがって、私が広告主の販売する物を買わない限り、私はグーグル・メールを利用するための費用を負担せずにすむことになる。

このように、グーグル・メールを利用する私自身が費用を負担するかしないかにかかわらず、グーグル・メールを利用するための費用は発生し、誰かが負担していることに注意しよう。

おかわり自由はお得？

ファミレスなどでは、コーヒーはおかわり自由であることが多い。味噌汁やご飯のおかわり自由という店もある。

私のオーストラリアの友人は「日本で何がうれしいかといって、おかわり自由ほどうれしいものはない」という。なるほど、私もオーストラリアなど外国でおかわり自由に出会ったことはない。

おかわり自由であると、何か得した気分になる。しかし、おかわり自由は喜ぶべきことではない。お店は客の平均的なおかわりの回数を計算して、店の商品価格に上乗せして、費用を回収しているからである。ということは、平均的な回数のおかわりをしない人は損することになる。そのせいか、欲しくもないのにおかわりをする人がいる。

おかわり自由の店の商品の価格付けは、何事にも費用がかかっていることを示す例である。

右のおかわり自由の話は、何事も希少な物を生産するときには、必ず費用が発生することを示している。これを比喩的に「タダのランチはない」という。ただし、グーグル・メールと同じように、ランチの費用を負担するのはランチを食べる人とは限らない。

読者がランチをご馳走になるときには、読者に代わってご馳走する人が費用を負担している。もっとも、読者がご馳走する側にまわることなく、もっぱらご馳走になるばかりであれば、いつかは仲間はずれにあって、誘ってくれなくなる、という費用を払わなければならないであろう。

会社や国は費用を負担できない

費用の話が出たついでに、費用は個人が負担するものであって、会社や国といった組織は費用を負担することはできない、という厳しい経済原理を説明しておこう。これも経済現象を理解するうえで重要な原理である。

かつて、日本共産党や日本社会党は何でも「国が負担せよ」ということが多かった。しかし、国はどうやって費用を負担することができるのだろうか。国は国民から税金を取って、国民に提供するサービスの費用を賄う以外に方法はない。したがって、国が提供するサービスの費用を負担するのは国ではなく、第一次的には納税者である。ここで、第一次的と限定したのは、後述するように（一〇二～一〇五頁参照）、納税者は税金を他人に転嫁しようとするからである。しかし、税金の転嫁が起きても、国のサービスの費用を国民が負担することに変わりはない。

第6章で説明するが、政府が国債を発行してお金を集めて、国民に提供するサービスの費用を賄う場合も、それは税金の徴収を先に延ばしているに過ぎず、その費用は最終的には税金によって賄うしかない。

しかし、国のサービスの費用を負担する人はそのサービスを受けた人とは限らない。というよりも、国のサービスについては、そのサービスを受けた人は費用を負担しないことのほうが多い。あるいは、サービスを受ける人が負担するにしても、受けるサービスにかかる費用の一部である。これが国のサービスの費用負担の特徴である。

サービスを受ける人がその費用を負担することを、受益者負担の原則という。国のサービスの費用負担について受益者負担の原則が成り立たないのは、それが成り立つ場合には、国がサービスを提供する必要はなく、民間がサービスを提供すればよいからである。サービスを受けない人に、税金を課して費用負担を強制できるのは、国家しかない。

税金には転嫁が付きもの

さすがに、最近では、日本共産党も日本社会党の後継党である社民党も「国の負担とは国民の負担である」ことを理解したようで、何でも国が負担すればよい、とは言わなくなった。しかし、二〇一〇年夏の参議院議員選挙の際に、日本共産党は「消費税増税は法人税減税の財源のためであり、大企業優遇の政策だ」と主張して、消費税増税と法人税減税に反対した。

日本共産党がこう主張するのは、「法人税は法人が負担する」と考えているからである。共産党の主張に同調しない人でも、ほとんどの人は「法人税は法人が負担する」と考えている。

しかし、一般的に、納税者イコール税金の負担者ではない。税金はそれを課せられる個人や法人にとっては、税金分だけ価値が失われるという意味で、費用である。そこで、個人は効用を、法人は利益を、それぞれ最大にしようとして、できるだけ費用である税金を逃れようとする。租税回避行動、よく言えば、節税行為である。

経済学では、個人については効用最大化行動を、法人については利益最大化行動を、それぞれ仮定して、税金が課せられると、個人や法人の行動がどう変わるかを思考実験することができる。

この思考実験によれば、法人税課税によって法人の生産や販売活動などが変化する結果、さまざまな物の価格や賃金や法人の利益などが変化し、そうした変化を通じて、税金が誰によって、どれだけ負担されるかが決まる。

こうした各経済主体の行動を通じて、税金を課された経済主体ではなく、他の経済主体が税金を負担することになる。これを税金は転嫁されたという。それでは、法人税はどのように転嫁されるであろうか。

経済学の法人税転嫁の理論によれば、法人税は利益の減少を通じて一部を株主が、賃金の低下を通じて一部を労働者が、物やサービスの価格の上昇を通じて一部を消費者が、それぞれ負担する。それぞれの負担割合はさまざまな条件に依存するが、いずれにしても、法人税を負担するのは法人という組織ではなく、株主、労働者、消費者などの自然人である。そもそも、組織は費用や税金を負担することはできないのであり、費用も税金も自然人が負担するしかないのである。

法人税の負担については、グローバル経済の影響を受けて労働者の負担割合が増えていることに注意しよう。その理由は次の通りである。

グローバル経済の下では、法人は世界的視野で生産拠点を選択する。他の事情が同じであれば、法人税率の高い国よりも低い国で生産するほうが法人税の支払いを減らすことができる。そのため、グローバル経済の下では、法人企業は法人税率が高い国から低い国に生産拠点を移そうとする。その結果、長期的にみると、他国よりも高い法人税率の国では、国内雇用需要の減少による賃金の低下を通じて、労働者の法人税負担割合が増大する。

日本の法人所得税（法人税、法人事業税、地方法人特別税、法人住民税）の実効税率（各種の控除を考慮した後の税率）は四〇・六九％（〇九年七月現在、財務省ホームページ。以下同）で、主要国（フランス三三・三三％、ドイツ二九・八三％、イギリス二八％）の中ではアメリカ（四〇・七五％）についいで高い。

法人所得税のうちの法人税率は、日本の三〇％に対して、イギリス二八％、ドイツ一五％、カナダ一九％で、アジアでは、中国二五％、韓国二二％、シンガポール一八％、マレーシア二五％である。

一九九〇年代以降のグローバル経済の進展により、企業はグローバルな視野で立地を決定するようになっており、法人税は企業立地を選択するときの大きな費用の一つになっている。日本の法人所得税の実効税率が諸外国に比べて高いことは、日本企業の海外流出を促し、国内産業空洞化の一因になる。それだけでなく、海外企業の日本への流入を妨げる要因でもある。国内産業の空洞化と海外企業の流入の減少は日本国内の企業設備投資と雇用を減少させ、長期的には潜在成長率（潜在国内総生産の成長率）を低下させる。この傾向を止めるためには、法人税の減税が必要である。

したがって、法人税率を引き下げて、法人企業の海外流出を止めるとともに、海外企業の流入を促せば、雇用需要が増え、その結果、賃金も上がるので、労働者にとっては有利である。

この「法人税率を引き下げたほうが、労働者にとって有利である」という結論は、日本共産党にとっては衝撃的で、どうしても認めたくないことであろう。

租税回避行動を利用する環境政策

一般に、税金を課すと、課された主体が租税回避行動をとるため、生産や雇用の縮小といった望ましくない結果が生ずる。右にあげた、法人に法人税を課すと、法人が法人税を回避しようとして海外に流出する結果、国内の生産と雇用が縮小するのはこの一例である。

所得税の累進税率を引き上げると、労働供給が減少すると主張されることもある。この主張については、弁護士など、仕事の量を自分で調整できる職業の人には当てはまるという実証研究がある。

利子所得の課税については、貯蓄を減らすという実証研究がある。日本で長らく、元本一〇〇〇万円までの利子所得が非課税になっていたのは、課税すると貯蓄が減ることを根拠にしていた。

ところが、人々や企業の租税回避行動を利用して目的を達成しようとする例外的な税金が存在する。環境税である。

環境税の一種に、地球温暖化の原因になる二酸化炭素の排出に対して課税する炭素税がある。国際自動車ニュース（二〇一〇年四月二二日）によると、欧州連合（EU）加盟国で乗用車に対する炭素税を導入する国が増えているという。EU加盟国中、乗用車の二酸化炭素排出量、または燃料消費量に応じて課税している国（二〇一〇年四月現在）は、オーストリア、ベルギー、デンマーク、フィンランド、フランス、ドイツ、オランダ、ポルトガル、スペイン、スウェーデン、イギリスなど一七カ国にのぼる。

乗用車に炭素税が課せられると、人々は炭素税を回避しようとして、炭素排出量の多い車から炭素排出量の少ない車に乗り換えようとする。こうした人々の購入行動の変化に対応して、自動車メーカーも炭素排出量の少ない車を開発し、燃費のよい車や電気自動車を以前よりも安い価格で生産するようになる。

国際自動車ニュースによれば、欧州連合地域では、一キロメートル走行当たりの二酸化炭素排出量一二〇グラム以下の乗用車が市場全体に占める割合は、二〇〇九年に二五％に上昇した一方、一六〇グラム以上の車の割合は一九九五年の八〇％から〇六年には三九％、〇九年は二三％に低下しているという。

このように、炭素税は人々の炭素税回避行動を利用して、地球温暖化防止という目的を達成しようとする政策である。つまり、炭素税課税制度は、人々が炭素税を回避しようとする結果、炭素税収入が減少するほど、その目的を達成するという、他の税には見られない特徴を持った、変わり者の税である。

人と企業の行動を左右するインセンティブ

経済を理解するうえで、機会費用とともに重要な概念に、インセンティブ（誘因）がある。人は効用が増えたり、減ったりする要因に敏感に反応する。企業は利益が増えたり、減ったりする要因に敏感に反応する。こうした要因は人や企業の行動を変えるインセンティブ（誘因）になる。

右の炭素税の例では、人々が炭素排出量の多い車を利用すると、費用が増大するため、効用が低下する。そこで、人々は炭素排出量の少ない車に乗り換えて、効用の低下を防ごうとする。つまり、炭素税は人々が炭素排出量の多い車から少ない車に乗り換えようとするインセンティブになる。

こうした人々の自動車購入行動の変化に対応して、企業は炭素排出量の少ない自動車の開発に努力するようになる。そのほうが利益が増えるからである。つまり、炭素税は自動車メーカーが炭素排出量の少ない車を開発するインセンティブになる。

法人税についていえば、その税率の引き下げは法人企業が日本国内で生産するインセンティブになる。

炭素税の導入や法人税の税率引き下げのように、経済政策は人や企業のインセンティブをうまく利用しなければ、その目的を達成できない。インセンティブに逆らった経済政策は失敗する。この点は、第6章で説明しよう。

インセンティブの設計を誤ると失敗する

マルクス経済学は、企業の利益は労働者を搾取することにより発生すると考える。そこで、企業利益のない社会主義経済が労働者の搾取のない望ましい経済システムになる。

社会主義経済における国有企業の目的は、国家から与えられた物の生産目標を達成することである。国家が国有企業から買い取る代金から費用を差し引いたものが企業利益であるが、その利益は国家に吸い上げられるだけである。したがって、国有企業にはできるだけ費用を節約して、利益を増やすというインセンティブは存在しない。ただ、国家から与えられた生産目標というノルマを達成するだけである。

費用とは、あることを選択したときに失われる価値である。したがって、費用を節約しないということは、あることを選択したときに失われる価値が大きいことを意味する。

かつて、ソ連は西側に軍事的に対抗しようとして、戦車やミサイルなどの軍事兵器の生産に、石油などの自然資源や機械や労働を大量に投入した。これは軍事兵器の生産に、限られた資源（労働者の、生産における資源であることに注意）を投入するという選択である。この選択によって、人々が消費する食料や衣料などの消費財に投入できる資源は減少する。したがって、消費も減少する。この消費の減少が軍事兵器生産という選択によって失われる価値、すなわち、軍事兵器生産の機会費用である。

この機会費用を減らすためには、軍事兵器の生産に投入する資源を節約しなければならない。しかし、ソ連の軍事産業には資源を節約して利益を上げるというインセンティブは存在しない。そのため、軍事兵器生産という選択によって失われる価値（機会費用）は増大してしまい、消費者は食糧難など生活水準の大きな切り下げを余儀なくされる。

右では、社会主義における国有企業に費用を節約するというインセンティブがないことが、どのような結果をもたらしたかを説明した。

この事情は、資本主義社会でも、政府機関には当てはまる。中央官庁にせよ、区役所や市役所にせよ、費用を節約して利益を上げるというインセンティブは存在しない。あるいは、国民に喜ばれることをすれば、その役人の給与が上がるというインセンティブも存在しない。

何人かの中央官庁の高級官僚から聞いた話であるが、官僚のインセンティブは、「天下り先をつくる」ことにあるそうである。それは、官庁在任中に天下り先を作った官僚ほど出世し、将来、よい天下り先に天下れるからである。

この話を聞いて、読者は「ひどいと聞いてはいたが、まさかそこまでひどくないのでは」と思うかもしれない。しかし、数え切れないほど天下り先があるという実態を知れば、「なるほど」と納得されるであろう。

この役人にとっての働くインセンティブを変える政策でなければ、行政改革は成功しない。

インセンティブの与え方は日常生活でも重要

インセンティブの与え方が重要であるのは、何も企業や官庁に限ったことではない。日常生活でも同じである。

私の限られた経験から、帰納的に類推するのは危険であるが、あえていうと、日本の子育てや教育は「叱咤激励」が主流であるが、欧米では「ほめる」ことが主流のように思われる。日本では、努力のインセンティブは「失敗したときの叱咤激励」で、努力して成功すると

「叱咤されなくなる」、つまり、「怒られずに済む」という報酬が得られる。それに対して、欧米では、努力と成功のインセンティブは「ほめられる」という報酬である。

　私自身、子供のときから親や教師に「叱咤激励」されたことは山ほどあるが、ほめられた経験はほとんどない。

　たとえば、私の出身大学院である東京大学大学院経済学研究科の教育は、「徹底的に叱咤する」ことであった。一年かかってやっと仕上げた研究成果を研究会で発表したところ、教授たちから「ぜーんぜんだめだね」といわれて、五分ももたない、といったことは日常茶飯事だった。

　この叱咤激励競争に勝ち残ったものが、大学院の最低五年間を全うして、何とか大学の教員になれる可能性が開ける。この競争に耐えられない大学院生は、いつの間にか大学院から消えてしまい、いまだにどこで何をしているかわからない。

　まさに、東京大学大学院経済学研究科の教育は、第1章で触れた、「獅子は子を谷底に落とし、這い上がることのできた子だけを育てる」式教育である。

　果たして、「叱咤激励」が子供にとってよい結果を生むのか、その教育によってよき人材が育つのか。私は疑問に思う。もっと、「ほめる」というインセンティブを与えるべきではないだろうか。

私事に触れたついでといってはなんであるが、私の著書のT書房の編集担当者は、私自身が恥ずかしくなるほど、実に私の仕事をよくほめる。そこで、ほめられすぎて悪い気はしないから、私も調子に乗って書くことになる。

「豚もおだてりゃ、木に登る」とはよく言ったものである。

人の役割を決める比較優位

わたしたちは何らかの仕事を持って生活の糧を得ている。この仕事はどうやって決まるのであろうか。確かに、仕事は自分自身でそれがよいと思ったから決めたものである。しかし、ある仕事をしたいと思っても、自分にその仕事をする機会を与えてくれる企業がなければ、その仕事をすることはできない。あるいは、企業に勤めずに、自分自身で起業するにしても、利益が上がらなければ、その仕事を長く続けることはできない。

つまり、仕事に対する市場の需要を無視しては、仕事を選択できないのである。

わたしたちは、できるだけ高い所得が得られる仕事につきたいと思っている。もちろん、自分にとっての仕事のやりがいも大事である。しかし、同じやりがいならば、高い所得が得られるほうがよいのが人情であろう。

それでは、どういう仕事を選択すれば、より高い所得が得られるのだろうか。

いま、話を分かりやすくするために、仕事には、料理人になることと経済学者になることの二つしかないとしよう。当初、読者は私よりも料理も上手いし、経済学もよくできるとしよう。このとき、読者は料理に関しても、経済学に関しても、私に比べて絶対優位があり、私は絶対劣位にあるという。

そうすると、絶対劣位の私は料理人にも経済学者にもなれず、失業するしかないのだろうか。

ところが、世の中はうまくできたもので、読者が私よりも料理も上手で、経済学もよくできるとしても、残念ながら、読者には両方に従事する時間がない。一日は二四時間であり、この与えられた時間の長さは読者も私も同じである。このように、与えられた時間に制約があるため、読者が料理人かつ経済学者になろうとすると、料理人としても経済学者としても、料理人か経済学者のどちらかを選択する私よりも、その生産性は落ちてしまう。つまり、こんな状況が発生するのである。

「おーい、料理はまだかぁ」と客。

「ちょっと待ってください。いま、画期的な経済モデルが頭に浮かんだんです。いまやらないと、忘れてしまいますから」と読者。

しかし、そんな料理人を許す客はいない。客は、

「これ以上待てないよ。それじゃ、あんまりうまくはないけど、岩田屋の牛丼にするよ」といって、店を出て行ってしまう。

これでは、読者のレストランは儲からずに、倒産してしまう。

それでは、読者は料理人と経済学者のどちらを仕事として選ぶべきだろうか。

仮に、読者の料理の生産性と経済学の生産性の比率は、私の料理の生産性と経済学の生産性の比率よりも高いとしよう。この場合には、読者が経済学者を選択することによって失う料理の価値（すなわち、読者が経済学者を選択するときの機会費用）は、私が経済学者を選択することによって失う価値（すなわち、私が経済学者を選択するときの機会費用）よりも大きくなる。この場合には、読者が料理人になり、私は経済学者になったほうが、機会費用を引き下げることができるので、両者ともに高い所得を得ることができる。そこで、読者は料理人になり、私は経済学者になることを、それぞれ選択する。そして、私は読者の作った料理を食べて、読者にお金を支払い、読者はそのお金で私の書いた経済学の本を買って読む、という交換が成り立つ。

右のような状況にあるとき、読者は料理に比較優位を持ち、私は経済学に比較優位を持つという。

このようにして、読者は料理を作り、私は経済学を研究するという分業と両者の間の交換、すなわち、市場が誕生するのである。

結局、仕事を選択する前は、読者は私よりも経済学に詳しかったが、現在、読者が私よりも経済学に詳しくないのは、比較優位の原理に従って、読者が経済学者になることを選択しなかったからに過ぎない。

このように、わたしたちがどの仕事を選択するかは、比較優位の原理とその原理に基づいて市場によって決定される所得（賃金など）に支配されている。

もちろん、比較優位の原理に逆らって、仕事を選択しようとする人もいる。しかし、その人の所得は比較優位の原理に従った場合よりも低くなる可能性が高い。

ただし、経済学に比較優位がないシロウトでも、消費者が品質を見分ける力がない場合には、経済を解説したり、経済本を書いたりして、大きな所得を得ることができる場合がある。

国際分業を決めるのは比較優位の原理

右に述べた人の仕事や人々の間の分業と交換を決定する比較優位の原理は、イギリスのデイビッド・リカード（一七七二～一八二三）によって証明された原理である。ただし、リカードの例は、ポルトガルとイギリスの二つの国を例にとって、イギリスがラシャの生産に特化し、ポルトガルがぶどう酒の生産に特化して、両国で貿易を行えば、両国とも得する、という国際分業と貿易の利益であった。

この貿易の利益は、わたしたちの仕事の分業と、その分業に基づく交換の利益についても成立するのである。

第2章で、辛坊本が「海外で生産して、それを日本に輸入する企業は問題だ。洋服はその原料生産から縫製まで一貫して日本国内で生産したほうがＧＤＰは増加する」と述べたことを批判した。

ユニクロが国内で洋服を縫製しようとすれば、そのための労働者を雇わなければならない。しかし、その労働者は縫製に従事するよりも、金融などに従事したほうがはるかに大きな価値を生み出す。この大きな価値は、ユニクロが洋服を国内で縫製しようとして労働者を雇うと失われてしまう。この失われる価値が、ユニクロが国内で洋服を縫製するときの機会費用である。

そのため、ユニクロは労働者が金融などの他分野で働いたときと同じ賃金（つまり、機会費用）を払わなければ、この労働者に縫製業で働いてはもらえない。

このことから、仮にユニクロが中国よりもはるかに高い日本の賃金を支払って、原材料から縫製まで洋服を一貫生産すれば、機会費用を償うための洋服の価格は何万円にもなることが理解できるであろう。そんな高い洋服を買う人は辛坊両氏のような一部の金持ちしかいない。金持ち相手の企業が市場に存在できる数はごく限られており、すでに飽和状態である。

辛坊本の主張は分業と交換の利益を否定するものである。そうであれば、辛坊両氏も現在の仕事だけでなく、コメも料理も洋服も家もみんな自分で作ったほうがご自身のためにも世の中のためにもよいことになってしまう。

高度な技術を必要としない洋服の生産やテレビの組み立てを中国が行い、日本はそれらを輸入する一方、高度な技術力を必要とするテレビやパソコンを作るための機械を生産して、中国に輸出する、そういう国際分業と貿易を進めたほうが、日本も中国もより豊かになれるのである。

問題の本質は、企業の海外生産にあるのではない。適切な国際分業と貿易を進めるうえで、為替レートや法人税などが適切であるか、および、日本企業の海外流出によって失われる雇用を増やすための経済政策が適切であるかどうか、それらが問題の本質である。この問題は第6章で検討する。

貿易はプラスサム

右で、貿易の利益について述べたように、貿易は貿易する両方の国にとって利益があるから行われる。ところが、貿易を企業間の競争と同じように考える人が少なくない。著名なアメリカの経済学者ですら、そうである。

企業間の競争では、勝った企業が利益を独り占めにする。勝った企業の利益は負けた企業の損失である。このような競争をゼロサム競争という。

それに対して、貿易は貿易する両国がともに利益を得るので、プラスサムである。

ところが、一時、中国脅威論が盛んに主張されたことがある。将来、中国に物づくりをすべて奪われてしまうというのである。しかし、実際には、中国が比較的ローテクの製品を生産して、日本に輸出し、日本は中国がそれらを生産するときに必要なハイテクの機械など（資本財という）を輸出する、そういう分業と貿易が成立し、両国が共に利益を得ていたのである。

現在（二〇一〇年）では、成長する中国への輸出が日本経済を支えていることは、誰しもが認めるようになった。中国脅威論が叫ばれていた頃と比べると、隔世の感がある。

シグナリングの原理

わたしたちの行動を支配しているものに、「他人のことはよく分からない」ということがある。この状況を、他人が持っている情報を、自分は持っていないという意味で、情報が非対称であるという。

しかし、相手が私のことをよく知らないという情報の非対称性を放置しておくと、相手は私を警戒して、避けようとする。

わたしたちはこの状況を何とか改善しようとする。その第一歩は、挨拶することである。「おはようございます」と声をかけることは、「私はあなたに敵意を持っていない」ことを伝える言葉である。

いつも挨拶している仲間が、挨拶してくれなくなると、「どうしたのだろう。何か悪いことでも言っただろうか」などと不安になったりする。

経済学では、この挨拶をシグナリングという。つまり、「私はあなたに好意を持っています。少なくとも、悪意は持っていません」というシグナルを送っていると考えるのである。

就活のときに、いつもは綿パンにTシャツを着ている茶髪の大学生が、着慣れぬ背広を着て、黒髪に戻すのも、「私はまじめな男で、御社の方々と協調して働きます」というシグナルを送っているのである。

ファミレスなどのチェーン店は、「うちはどこでも、全く同じ料理を同じ値段でお出しします」というシグナルを送る仕組みである。そこで、わたしたちはドライブをしているときなど、よく知らない所へ行くと、どんな料理がどんな値段で出てくるか予想できるファミレスを選択する。

ちくま新書や岩波新書などの新書シリーズも「わが社の新書はこういう方針で出しており、読者の信用をかちえています」というシグナルを送り、自社の新書ファンを増やそうとしている。

ブランド品は「品質は絶対ですから、値下げはしません」というシグナルを送って、顧客の信用を得ようとする。

品質がよく分からないときには、価格が品質の指標になる。価格を高く維持することによって、「品質を保証します」というシグナルを送っているのである。

保証といえば、家電製品などは「一年保証」が普通である。これも「品質はよく、めったに壊れません」というシグナルである。品質がよくなければ、一年間保証することはできないからである。

ところで、読者はスーパーやレストランなどのメンバーズカードを持っていないだろうか。メンバーズカードで点数をためると割り引いてもらえる。これは、読者が「その店でよく買い物をする客ですから、割り引いて下さい」とシグナルを送る制度である。これを店のほうから見ると、「店でよく買い物してくれる客かどうか」を見分ける仕組みである。

弁護士や公認会計士や税理士などの資格も、「信用できます」というシグナルである。講演会で、ノーベル賞受賞者という最高の肩書きから始まって、講演者の肩書きが示されているのも同様である。

シグナリングはわたしたちの周りに満ち満ちており、シグナルの送り手は、自分に関する情報を知ってもらいたいと懸命にシグナルを送っている。読者もシグナリングの具体例を考えてみられたい。

例を挙げるときりがないので、次の例を最後にしよう。この本の奥付にわたしの経歴と著書名が載っている。これも「この本はこういう経歴の大学教授が書いたものですから、信用できます」というシグナルである。

シロウト経済本の信用は何に由来するのか

法律の本は法学者や弁護士など法の専門家が書いたものでなければ売れない。この場合は、「こういう実績のある法の専門家が書いた本である」というシグナルが存在する。

税務の本でも会計の本でも天文学や物理学や化学などの自然科学の本でも、その道の専門家が書いた本であるというシグナルがなければ、消費者は買わない。

ところが、こと経済の本となると、事情は全く異なる。経済学を全く勉強も研究もしたことがなく、およそ経済学を理解していない人が書いた経済本でも売れる。というよりも、経済学の専門家が書いた本よりもよく売れるのである。

一体、読者は何を信用のシグナルにして経済本を購入するのであろうか。「著者がテレビに出ていて有名だから」というのが、今流行のシグナルのようである。

テレビといえば、芸能人の久米宏氏がテレビ朝日の番組「ニュースステーション」（二〇〇四年三月終了）でニュース・キャスターとして、政府の経済政策を批判したりし始めたのが、経済のシロウトが経済の専門家顔負けで経済を語り始めた最初ではないだろうか。

しかし、「テレビに出ていて有名」であることがなぜ、経済本を買うときの信用の置けるシグナルになるのであろうか。そもそも、法律や会計や自然科学の専門家でない人が「テレビで法律や会計や自然科学を語って有名になる」ことはできない。

「経済のシロウトがテレビで経済を語って有名になる」という現象は、日本固有の現象であろうか。それとも、海外でも同じであろうか。

これは興味深い現象であるので、今後の研究課題としたい。

経済は相互依存関係の網の目

シロウト経済学者は自分の目の前で起こっていることだけを見て、それを世界大に類推拡大して、真実であると思い込む。しかし、人や企業の行動はお互いに、因となり果となって、目の前で起きていることからは予想もつかなかったような最終的結果を生み出す。

すでに説明した、①税収を増やそうとして、法人税を引き上げると、法人が海外に逃げ出してしまい、法人税収が増えるどころか、減ってしまい、法人税のうちの大きな割合が労働者に転嫁される（一〇三頁）、あるいは、②年金保険料を引き下げる代わりに、年金給付額を引き下げると、年金世代が財産を担保にしてお金を借りたり、金融資産を売ったりして、消費にあてるため、その子供が受ける年金保険料引き下げの利益は、少ない相続財産で相殺されてしまう（八一頁参照）。こういったことはシロウト経済学では予想もつかない結果である。

経済はいわば「風が吹くと桶屋が儲かる」世界なのである。ある人や企業の行動は他の人や他の企業の行動を変化させ、今度はその行動の変化がある人や企業の行動の変化を引き起こす。このように、各経済主体は複雑な相互依存関係にあり、全体の経済はそうした複雑な相互依存関係の網の目で形成されている。

こうした複雑な相互依存関係の網の目の中で起きる現象は、経済モデルに頼らなければ理解できない。経済モデルなしに、どんなに目を凝らして見ても、複雑なものは複雑なままの姿で、混沌として見えるだけである。

その混沌を無視して、自分の勤める企業や自分の企業が属する業界などで経験したことを、経済全体に拡大して理解しようとすれば、とんでもない間違いに陥ってしまう。

合成の誤謬

経済は数えきれないほどの経済主体の相互依存関係の網の目からできているので、個人や企業の行動を合成しても必ずしも経済全体の姿にはならない。これを、「合成の誤謬」という。合成の誤謬も経済を理解するうえで、重要な概念である。

合成の誤謬を分かりやすい例で説明すると、次のようになる。

学校や予備校では、「もっと勉強すれば、大学に合格できる」などといって、学生たちに勉強させようとする。

しかし、みんなが勉強すれば、入学試験の平均点は上がるが、入学定員には限りがあるので、合格できる人の数に変わりはない。「みんながもっと勉強すれば、みんな大学に入れる」わけではないのである。

これと同じことであるが、日本経済の停滞の原因について、日本の経済学者の中にも次のように主張する人が少なくない。

「日本経済が停滞しているのは、銀行がダメな企業を支えているからだ。ダメな企業を清算すれば、労働者が効率的な企業に移動するから、日本経済の生産性は上がり、成長率も上昇する」

この主張は、企業が生産性の低い部門を閉鎖し、その部門で働いていた人を生産性の高い部門に移すことによって、業績が大きく回復した、という多くの成功事例を日本経済全体に拡大して考える思考法で、ビジネスマンが陥りやすい合成の誤謬である。

個々の企業の成功例を積み上げても、日本経済全体の姿にはならないのである。ここには、次のような合成の誤謬が待ち構えている。

日本経済は一九九二年に景気後退に陥って以降、公共投資か輸出のいずれかの需要がなければ、需要不足のため成長できない状況が続いている。ダメな企業を清算すれば、まず労働者は職を失う。右の主張では、この労働者は自動的に効率的な企業で働くことになっている。

しかし、需要不足のときに職を失えば、転職は困難で、失業するしかない。右のようなことを主張する経済学者は、企業が倒産して職を失った人が、転職できずにどんなに苦労しているか、全く知らないのである。無知も極まれりというべきである。

需要不足経済では、大学の入学定員と同じように、職につける人数には限りがあるのである。

売れる商品を開発しないから消費が伸びない?

普通の人が陥りやすい合成の誤謬に、「モノが売れないのは、買い手に力がないからではなくて、売り手の側に売れるモノやサービスを生み出す力がなくなっているからなのです」（辛坊本二〇九頁）というものがある。

消費者の所得を一定として、ある企業が「消費者にとって魅力的な売れる商品」を開発して、売りに出すとしよう。これによって、経済全体の消費、つまり、モノに対する需要が増大するであろうか。

第3章の消費者行動の理論を理解された読者は、消費者の所得が変わらなければ、消費者たちは一方で、売れる商品の消費を増やすが、他方で、それまで買っていた商品の消費を減らすから、経済全体の消費は増えない、と答えることができるであろう。

企業が売れる商品を開発しても、消費者の所得が増えない限り、経済全体の消費は増えないのである。つまり、売れる企業に対する消費を積み上げても、経済全体の消費にはならないということである。

売れる商品の開発が経済全体の消費の増加をもたらすためには、消費者の所得が増えなければならない。売れる商品の開発が消費者の所得増に結びつくのは、次のような場合である。

売れる商品を開発した企業は、商品が売れるのでそれを生産するための設備を増強する。これは設備を作る企業の従業員の所得を増やすであろう。所得が増えた従業員は消費を増やす。すると、消費財を生産する企業の従業員の所得が増え、その結果、彼らの消費が増えるので、さらに、消費財を生産する従業員の所得が増える。

こういう連鎖が続くと、消費者の所得と経済全体の消費が増大する。これを「売れる商品を開発した企業の投資の乗数効果」という。ただし、この過程で増加する消費のほとんどは、企業が開発した売れる商品ではなく、これまで売れなかった商品であることに注意しよう。なぜなら、消費者が、企業が開発して売れる商品の消費だけを増やすのであれば、右に述べた過程で増える経済全体の消費はごく限られたものでしかないからである。

いま述べたことは、消費者は所得が増えれば、いままで売れなかったモノも買うことを示している。消費が増えないのは多くの人の所得が増えないからである。

二〇〇九年の実質国内総生産は一九九八年よりも七・二％増加した。しかし、〇九年の実質賃金（五人以上の事業所）は九八年よりも四・八％減少してしまった。非正社員の賃金は正社員の六〇％程度でしかない。日本には経済成長の恩恵を全く受けられずに、低所得に甘んじなければならない人が大勢いるのである。華やかなテレビの解説委員生活を送る辛坊氏には、こうした日本経済の姿が見えないのであろう。

辛坊本で「モノが売れないのは、買い手に力がないからではなくて」というくだりを読んだ読者は、どのように思ったであろうか。大企業で正社員として働く読者は「その通りだ」と同意したであろう。しかし、中小・零細企業で働く人や非正社員として働く人や母子家庭や失業している人たちは、憤慨したのではないだろうか。

私はこの種の発言を「恵まれない人のことがまったく分かっていない無神経な発言である」と思う。しかも、恵まれないのは本人の努力が足りないからではなく、学校を卒業する就職期に景気が悪かったといった、本人の努力ではどうすることもできない要因のためである。

ところで、合成の誤謬の話はまだ終わっていない。右では、売れる商品を開発した企業の投資の乗数効果まで説明したが、売れる商品の開発によって生産の縮小や市場から退場を迫られる企業の投資は減少する。この投資の減少はマイナスの投資乗数効果を発揮して、売れる商品を開発した企業の投資乗数効果を相殺する。

結局、売れる商品を開発することによって、人々の所得が増え、経済全体の消費が増えるかどうかは、右のようなプラスの乗数効果とマイナスの乗数効果の大小関係に依存するから、売れる商品を生産すれば、経済全体の消費が増えるとは必ずしもいえないのである。

売れないのはデフレのせいである

辛坊本は、最近の日本企業は売れる商品・サービスを開発しなかったという。そうだろうか。写メールができる携帯電話、デジタル・カメラ、カーナビ、プリウスやインサイトに代表されるエコ・カー、洗浄機能付きトイレ、一〇〇円ショップ、庶民の味方のユニクロや青山や青木などの衣料品メーカー、各種のプライベート・ブランド、据置型ゲーム機Ｗｉｉ（ウィー）などのゲーム、などなど、日本企業は売れる商品を開発してきた。

しかし、こうした新商品が次々に開発されても、商品間の代替（売れる新商品と引き換えに従来の商品が売れなくなる）と設備投資の代替（新商品の生産のために設備投資を増やす部門がある一方で、減らす部門がある）が起きるだけで、経済全体の消費も投資も増えなかった。つまり、合成の誤謬が起きたのである。

辛坊本は、右の引用に続けて、「日本ではなぜ、ヤフーやグーグルが生まれなかったのか？　なぜ、ソニーはｉＰｏｄを作れなかったのか？　これを考えることにこそ、日本再出発のカギがあります」（辛坊本二〇九頁）という。

このご忠告に対しては、次のようにお応えしよう。

《世界には、イギリス、カナダ、オーストラリア、ニュージーランド、スウェーデン、フィンランド、ルクセンブルクなど、ヤフーやグーグルやｉＰｏｄはもちろん、世界のトップを争う商品をほとんどあるいは全く開発しなくても、アメリカよりも高いあるいはアメリカ並みの成長を一五年以上も続けている国がたくさんある。それに対して、日本はこの一五年間、右に挙げたようなさまざまな魅力的な商品を開発したが、これらの国の三分の一程度の成長

にとどまっている。その理由を考えることにこそ、日本再出発のカギがあります》
日本の長期経済停滞の原因を考えるためには、アメリカや右に挙げた安定した高い成長を続けている国々と日本との相違に注目しなければならない。その相違は商品開発力ではない。商品開発力では、日本はこれらのほとんどの国よりも優れている。
日本だけが一九九四年以降、実に一六年にもわたって、デフレ（GDPデフレーターで見て）が続いていることこそが、注目すべき相違点なのである。
第6章で説明するように、消費も投資も増えなかったのは、日本銀行がデフレを作り出したため、人々と企業の間にデフレ予想が定着してしまったのである。

この章では、演繹的思考の体系である経済モデルから導かれる経済の基本原理のうち、知っておくと、経済を深く理解できる原理を紹介した。読者には、ここで紹介した経済の基本原理が当てはまる具体的な例を考えてみることをお勧めする。そのことによって、読者の経済に対する理解が深まるからである。
次章では、この章で述べた経済の基本原理が市場においてどのように機能するかを説明する。

第5章

なぜ市場原理を重視するか

第4章では、いくつかの重要な経済の基本原理を説明した。この章では、それらの原理が市場においてどのように作用するかを説明し、なぜ経済学は市場原理を重視するのかを明らかにしよう。

この章では、市場原理の優れた点に焦点を当てるが、それは完全なものではない。その不完全性を補うのが政府の役割である。その政府の役割については、次章で扱うことにする。

市場原理は自由主義

市場原理の最大のメリットは個人の自由という、人にとって最も重要な権利を保障する点にある。それでは、そもそもなぜ自由は個人にとって最も重要な権利なのであろうか。

自由主義は一七世紀イギリスのジョン・ロック（一六三二～一七〇四）の思想にまでさかのぼる、「何人も自己の運命を自分の自由意志で切り開く自由がある」という思想である。ただし、「他人の同じ自由を妨げない限り」という条件がつく。

人間にとって自由が重要な権利であるのは、人間はだれしも他人に不利益を与えない限り、できるだけ、自分の好みに合った生活スタイルを選択したいと思うからである。

国家権力からの束縛や刑罰を恐れて、自由にものが言えない社会は窒息しそうになるであろう。村の共同体規制によって、着る物やしきたりを押し付けられるのはたまらない。読者の会社には、村の共同体規制に似た規制や暗黙の強制（飲み会への参加やサービス残業など）はないであろうか。

自由には経済的自由と政治的自由がある。これらのうち、経済的自由は政治的に自由であるための十分条件ではないが、必要条件である。

経済的自由とは、何人も自由意志に基づく自発的な契約や取引を制約されたり、自発的交換以外の取引を強制されたりすることがないという自由である。

こうした経済的自由を保障する経済システムは、これまでのところ競争的な市場以外には存在しない。競争的な市場とは、個人（法人企業のような、個人が自由意志に基づいて創設した組織を含む）がお互いに自発的な交換による協力を通じて、何百万もの人の経済活動を相互調整する経済システムである。

こうした経済的自由がなければ、自らの意見を自由に発表する機会も閉ざされてしまう。例えば、新聞を作って、人々に販売する自由がなければ、新聞は国家が作る広報紙だけになってしまい、人々は国家によって情報を完全にコントロールされてしまう。そうした状況では、政治的自由は存在し得ない。

競争は選択の自由を保障する

個人の経済的自由を保障する経済システムは、単に市場ではなく、競争的市場である。ここに、競争的とは、交換相手が多数いて、彼らが彼ら自身の交換相手を獲得しようとして競争している状況をいう。

例えば、出版社は多数存在し、多くの本を出版して、読者を獲得しようと競争している。わたしたちはその中から、自分が読みたいと思う本を選択することができる。

仮に、出版社が一社しかないとしたらどうだろうか。この場合にも、わたしたちにはその出版社から本を買うか買わないかの選択の自由はあるが、独占的な出版社以外から本を買うという選択の自由はない。消費者に他社から買うという選択の自由がなければ、独占的な出版社は好きなように情報を操作するとともに、本の価格を吊り上げて、わたしたちから交換の利益をどんどん吸いあげてしまう。

これでは、消費者に実質的に経済的自由があるとはいえない。経済的自由のためには、その出版社から本を買うのをやめて他の出版社から本を買うという選択肢がなければならない。自由な市場では、新聞発行や雑誌・書籍などの出版と販売の自由が認められている。そのため、さまざまな情報が発信され、消費される。これが、自由市場による言論の自由を守る仕組みである。

言論の自由があるということは、間違った情報を流す自由もあるということである。したがって、シロウト経済学が間違っていても、その本を出版・販売する自由もある。この自由が許されるのは、その本を間違っていると批判する本を出版・販売する自由もまた認められるからである。

このように、自由な市場には、言論に関しても選択の自由が存在し、複数の言論が賛同者を得ようとして競争している。

したがって、もし、新聞や出版が独占になり、一定の立場からの言論しか発信されなくなれば、言論の自由はなくなってしまう。言論に関しては、独占、とくに国家による独占を排除することが、自由のとりでである。

自由な市場は自由放任ではない

自由は人間の最も重要な権利である。ところが、自由な競争市場を重視する経済学者に向かっては、「市場原理主義者」というレッテルを貼って、批判する人が少なくない。

しかし、経済学者が重視する市場原理と「市場原理主義者」というレッテルを貼って批判する人たちの「市場原理」とは同じものではない。

「市場原理主義者」を批判する人たちは、経済学者が重視する市場原理とは「何でも自由にすればよいという原理である」と思い込んでいる。

しかし、経済学者が重視する市場原理とは自由放任主義ではない。人々が市場に参加して取引するためには、公正な取引のルールが定められていなければならない。

例えば、取引相手が嘘をついたときの取引は、嘘をつかれた方にとっては、自由な意志に基づく自発的な交換とはいえない。

そこで、自発的な交換のルールを定め、ルールを破った者に対しては、ペナルティを科す必要がある。警察・検察・司法制度はそのための制度である。

わたしたちが偽った取引から不利益を受けるのは、第4章で述べた、交換相手に関する情報を知らない、という情報の非対称性が存在するためである。取引相手のことがよく分かっていない場合には、悪質なものをつかまされるリスクがある。

例えば、医療サービスの取引では、患者は医者の治療が自分の病気にとって適正なものであるかどうかを判断することはほとんどできない。したがって、誰でも医療行為ができる自由を認めると、とんでもないインチキ医療に引っかかって、命を落とすことさえ起きる。そこで、不適切な医療行為から患者を守るために、医師の資格免許制度が導入される。

弁護士や税理士や会計士にも国家資格制度があり、自由な開業が認められていないのも、情報の非対称性を原因とする被害から人々を守るためである。

銀行はわたしたちの預金という大切な金融資産を預かって、それを企業などに貸し付けて利益をあげる主体である。この場合にも、預金者には、預金しようとする銀行は安全に預金を運用し、預金利子を確実に支払い、預金の引き出しにいつでも応じてくれるかどうかがよく分からない。

一九世紀のアメリカでは、一時、自由に銀行業を開業できる時代があった。この時代には、銀行が消費者から預金を集めて、逃亡してしまうという事件が頻繁に起きた。

預金者をこうした被害から守るためには、政府が銀行業の開業にあたって、開業を許可しても預金の安全性が維持されるかどうかを審査する、という許可制を採用する必要がある。

それでも、銀行がずさんな貸し出しをすれば、倒産するリスクが存在する。一行でも倒産すると、預金者は自分の預金も大丈夫かと不安になって、自分の銀行が本当は安全な銀行であっても、それがよく分からないため、預金を引き出そうとする。その結果、次々に銀行が倒産してしまう。

実際、戦前は、アメリカでも日本でも多くの銀行が倒産した。これを経験して、アメリカ政府は預金保険会社を設立して、銀行が倒産してもこの保険会社が一定金額の預金の払い戻しに応ずることにした。戦後日本もこれにならい、預金保険機構を創設した。

現在では、銀行の倒産リスクを引き下げるために、銀行に対して、保有資産の一定割合の自己資本の保有を義務付け、銀行監督局（日本では、金融庁）が銀行経営を監視し、倒産リスクの大きい銀行を発見し次第、預金保険機構と協力して、一定額以下の預金の払い戻しを保証しながら、その銀行を破綻処理する仕組みが存在する。

二〇一〇年九月に、日本振興銀行が破綻したが、金融システムの安定性は少しも揺るがなかった。これは以上の仕組みがスムーズに機能したためである。

政府は次のような環境問題が発生する場合にも、自由な活動に制限を加える。たとえば、沿道に住んでいる人が自動車の排気ガスに悩まされる場合には、そもそもその被害者はその道を自動車で走る人と排気ガスに関して取引したわけではない。自動車で走行している人が勝手に排気ガスを振りまいているだけである。したがって、この場合には、政府が排気ガスの被害者に代わって、自動車走行時の排気ガスの量を規制する必要がある。

右に挙げた例のように、自由な競争市場が望ましいといっても、そのときの自由とは、「他人の同じ自由を妨げない限り」の自由である。

経済学者が望ましいと考える市場原理とは、「他人の同じ自由を妨げない」ためのルールを設定した上での市場原理である。

経験から学ぶ市場のルール

しかし、どのように市場の交換ルールを設定すれば最も適切であるかは、事前には分からず、経験を積んで改善していくしかない面も少なくない。

例えば、二〇〇八年九月に、リーマン・ショックが起きて、世界的な金融危機が発生した。この金融危機を経験して分かったことは、従来型の銀行中心の金融システム安定化対策は時代遅れになっていたということであった。

現代、とくに欧米では、金融の担い手は銀行だけでなく、投資銀行やヘッジファンドなどの非銀行金融機関の役割が急拡大している。これらの非銀行金融機関はごくわずかな自己資本しか持っていないにもかかわらず、大量に借金してリスクの大きな証券に投資していた。投資金額の自己資本に対する比率をレバレッジ比率というが、リーマン・ショックまでは、銀行に対してだけレバレッジ比率規制が課せられていた。そのため、非銀行金融機関のレバレッジ比率は青天井で上昇したのである。このように、非銀行金融機関のレバレッジ率の急上昇を放置したことが、金融危機の根本的原因であった。

金融当局がこの経験から学んだことは、今後、リーマン・ショックのような金融危機を事前に防止するには、金融システムの安定性に影響するようなすべての金融機関に対して、レバレッジ比率を一定以下に維持させる規制が必要である、ということである。

この意味で、リーマン・ショックで破綻したのは、「市場原理」ではなく、「それまでの金融システム安定化政策」である。

この例のように、どのように市場の交換ルールを設計すればよいかは、危機や重大な被害事件などが起こって初めて判明する場合がある。その意味で、市場ルールは絶えず見直され、改良し続けなければならないもので、これで完全ということにはならない。

したがって、問題は「市場の自由な競争原理を尊重しながら、市場のルールをより良いものに改良し続けるのか」、それとも「市場の自由な競争原理そのものを否定して、それとはまったく異なる原理の交換システムを考えるのか」のいずれをとるかということである。後者に関するアイディアを出さない限り、前者を採ることが最善の選択である。後者に関するアイディアを出すこともなく、ただ単に、「市場原理は破綻した」といった批判を続けることは、有害無益である。

自由な競争市場が明らかにする機会費用

第4章で、機会費用について述べた。自由な競争市場は機会費用の最大値を明らかにすることによって、資源をもっとも望ましい用途に配分するという機能を発揮する。これを市場の資源配分機能という。この優れた機能は市場システム以外には存在しない。

例えば、日本のように、平野が少なく、山や谷の多い国では、平野部の土地の希少性が著しく高くなるため、農業や牧畜には向いていない。そのため、土地を農業や牧畜のために用いるよりも、工場用地や商業地や住宅地として利用するほうが、土地の価格（地価）は高くなる。

土地所有者はできるだけ高い地価で土地を売ろうとする。そのため、戦後から現在まで続いているように、農地や林地だった土地は次第に工業用地や商業地や住宅地に転用される。

右のことを機会費用という概念で説明すると、次のようになる。

例えば、いま、食糧自給率を引き上げるべきであるとして、できるだけ多くの農産物を日本国内で生産しようとしたら、どういうことになるだろうか。

大豆はサラダ油、豆腐、味噌、醬油などの原材料として使われるが、国内の生産が二六万二〇〇〇トンであるのに対して、輸入は三七一万一〇〇〇トンで、自給率は六・六％に過ぎない（二〇〇九年現在。農林水産省ホームページによる）。

大豆の自給率を引き上げるには、土地を大豆生産用地として使わなければならない。当該の土地が住宅地や商業地としても使用できるのであれば、その土地を住宅地か商業地かのいずれかとして利用したときの高いほうの地価が、その土地を大豆生産用地として使ったときに失われる価値、すなわち、大豆生産の土地の機会費用である。この機会費用は将来にわたる年々の機会費用を一括計上したものである。

自由な競争市場では、その土地を最も高い価格で買う人が手に入れる。日本では、大豆生産者は住宅地や商業地としても利用可能な土地を、住宅地や商業地を求める人が買おうとする価格（この地価が大豆生産の土地の機会費用）よりもはるかに低い価格でなければ、買えないであろう。そうでなければ、大豆生産は採算に合わないからである。したがって、大豆生産者は右のような土地を購入して、大豆を生産することはできない。

かりに、「機会費用が土地の使用者と使用方法を決定する」という市場原理を無視して、政府が当該の土地を大豆生産用に指定すれば、その土地を住宅地か商業地かのいずれかとして利用したときの、高いほうの地価に相当する利益が失われる。

それよりも、大豆を輸入する一方で、当該の土地を住宅地か商業地かのいずれかで利用したほうが、大豆輸入代金を差し引いても国民全体の利益は大きくなる。

このように、自由な競争市場では、食糧自給率引き上げの機会費用を知ることができるから、その機会費用と食糧自給率引き上げの利益とを比較して、食糧自給率を引き上げるべきか否かを決定したり、食糧自給率引き上げ以外の食糧安全保障の手段（輸入先との長期供給協定など）を検討したりすることができる。

右の大豆生産の例のように、資源（右の例では、土地）をどのような生産の目的に用いれば、国民全体にとって利益が最大になるか、という計算を、自由な競争市場は自動的に行ってしまう。中央集権政府がこの計算を超大型計算機を使って行うとしたら、何日かかるであろうか。仮に計算結果が出たとしても、それは到底信頼に足るものではないであろう。

人にふさわしい仕事を配分する市場の機能

右の例は、土地をどのような用途に用いるかという問題であったが、同じことは労働や資金の用途についても当てはまる。

人はできるだけ高い賃金で働きたいと思う。辛坊本は、綿生産や繊維生産や裁断・縫製の仕事はすべて日本の国内ですべきであると主張する（一一〇〜一一一頁）。

しかし、それらの仕事よりも、銀行員のほうが高い賃金を得られるなら、人々は銀行員になろうとする。銀行員でなく、綿作農業に従事せよというのであれば、綿作農業に従事したときに銀行員並みの賃金（すなわち、綿作農業に従事するときの機会費用）を支払わなければならない。

辛坊治郎氏であれば、同氏が綿作農業に従事するときの機会費用は読売テレビ解説委員長の賃金であるから、同氏はその賃金が保証されなければ、綿作農業は絶対お断りであろう。

したがって、同氏に綿作をしてもらうと、大変な費用がかかり、それを反映して、綿の値段はとてつもなく高くなる。結局、同氏の作った綿を買う人はいない。

そこで、市場は銀行員の能力がある人には銀行員になってもらい、辛坊氏にはテレビの解説委員になってもらい、綿作は綿作に従事したときの機会費用が最も低い中国の人にやってもらう、というように仕事の配分を決定するのである。

以上のように、市場では、機会費用が機能して、人々の仕事を決定している。この市場の機能を無視して、辛坊治郎氏には読売テレビ解説委員長を辞めて、綿作農業に従事してもらい、経済のことはその道の専門家に任せていただいたほうが、同氏にとっても、社会全体にとってもよいのであろうか。もしかしたら、そのほうがよいかもしれないが……。しかし、言論の自由も大事である。

自由な市場の創意・工夫のインセンティブ

第4章で、個人や企業から望ましい行動を引き出すためには、インセンティブの与え方が重要であることを述べた。

自由な競争市場では、企業は消費者の利益になるモノを生産することによって、利益をあげることができる。これにより、企業には、消費者の利益になるモノを生産するために、創意・工夫を凝らす、というインセンティブが与えられる。

逆に、自由な競争市場では、創意・工夫を怠る企業は顧客を獲得できずに、淘汰されてしまう。

この意味で、自由な競争市場は「発明・発見と革新の母」である。

自由な競争市場がなければ、飛行機も自動車も実用化されず、伝染病や難病を撲滅する薬を庶民が手に入れることもできなかったであろう。自由な競争市場では、これらの商品を発明し、実用化して、多くの人が購入できるようにすれば、それに対する成功報酬は莫大である。だからこそ、企業はリスクがあってもその莫大な成功報酬に企業生命を賭けるのである。

企業だけではない。個人も賃金の高い企業に就職しようとして、努力する。就職すれば、できるだけ高い地位に上ろうと努力する。人は努力が報いられるというインセンティブがあるからこそ、努力する。努力して、成果を上げてもなんら報われなければ、誰も努力しようとしない。

努力して、成果を上げようが上げまいが、同じ報酬しか得られない社会では、人々の努力を引き出すことはできない。そうした社会には、不満が蔓延するだけで、安定も成長もない。市場原理を導入しなかった時代の社会主義国（かつての中国やソ連）はその典型である。

市場では、失敗するリスクが大きい仕事ほど、成功した時の報酬は大きくなる。それは、安定した収入で満足する人よりも、成功報酬に賭けてリスクに挑戦する人のほうがはるかに少ないからである。

安定した所得が得られるサラリーマンになろうとする人はきわめて多い。そのため、サラリーマンになろうとする雇用供給はサラリーマンを雇おうとする雇用需要よりも多くなりがちである。雇用供給が雇用需要よりも多くなれば、サラリーマンの賃金はそれほど高くはならない。

一方、リスクに挑戦して起業する人は非常に少ないから、成功する人も非常に少なくなる。その結果、一部の成功者に報酬が集中するのである。

これは希少な人材の成功報酬はきわめて大きくなるという、市場の成功報酬のメカニズムである。このメカニズムがあるからこそ、凡人には到底かなわないような、とてつもない仕事をやってのける人が現れるのである。

ノーベル賞受賞者をはじめ、世界的な発明・発見などの革新的な仕事をする人のほとんどは、市場経済システムを採用している国から生まれている。この事実が以上の市場メカニズムの存在を証明している。

便利なものを開発する

自由な競争市場では、企業は顧客が求めるものを供給することによって、初めて利益を得る。そのため、企業は顧客が「こんなものがあったらいいな」と思うものを次々に開発する。それだけでなく、わたしたちが考えもつかなかったような便利なものも開発する。「持ち運びに便利なパソコンがあったらいいな」という人々の要望に応えて、東芝は一九八九年六月にA4ノートサイズで二・七キログラムという軽量のノート・パソコン「ダイナブック」を一九万八〇〇〇円で発売し、パソコン市場に衝撃を与えた。

パソコンが普及し、デジタル時代を迎えて、カメラ・メーカーはフィルム撮影をデジタル化できないかと考えた。このアイディアをはじめて実用化に結びつけたのはカシオであった。カシオは一九九五年に「QV－10」を当時としては破格の値段の定価六万五〇〇〇円で売り出し、大ヒットした。画像は二五万画素足らずで、よくなかったが、撮ったそばから見られることとパソコンに保存できることが大ヒットの理由だった。

今では、五〇〇万画素といった高画質のデジタル・カメラが売り出されており、カメラ市場は様変わりしてしまった。

フィルム・カメラ時代には、日本人のようにカメラを持ち歩かなかった欧米人も、今では、デジタル・カメラの手軽さが気に入って、誰でもが旅行に持参するようになっている。私の経験では、欧米人の間でもっとも人気があるのはキヤノンのようである。

携帯電話メーカーは、小型のデジタル・カメラができるなら、携帯電話にデジタル・カメラを搭載できないかと考えた。一九九九年九月にＤＤＩポケットから発売された京セラ製端末のＶＰ－２１０が世界初のカメラ付き携帯電話である。今では日本では、高齢者でも、携帯電話で写真を撮ってメールで送る時代である。

日本人はきれい好きである。そこで、ＴＯＴＯはウォシュレットの開発を思いついた。ウォシュレットは瞬く間に日本中の家庭と企業に普及した。

日本の道路は欧米の道路と違って、迷路のようである。知らないところへドライブするときには、道路地図と首っ引きである。それでも迷い、時間をロスする。夫婦や家族でドライブするときには、助手席に座った妻（または、夫）がナビゲートするが、必ず、夫婦喧嘩になる。この日本のドライブ事情に着目した日本の自動車メーカーや電機メーカーは「カーナビ」を開発した。

日本の一〇〇円均一ショップは、「何でこれが一〇〇円ぽっち」と驚くような商品を豊富に備えている。今では、「まず、一〇〇円ショップにないか」と探してみて、なかったら、普通の店で買う時代である。イギリス人で日本の大学で教えている私の友人は、一〇〇円ショップで長い靴べらを見つけて、「腰を曲げずに靴が履ける」と喜んでいる。イギリスには短い靴べらしかないそうである。

右に挙げた事例ほどの発明ではないが、次のような、小型であるが便利な商品開発もある。

ある家電メーカーの女性社員は、ＯＬのほとんどが昼食後に歯を磨くことに気がついた。しかし、その家電メーカーが売り出している電動歯ブラシを使うＯＬはほとんどいなかった。その理由を調べると、電動歯ブラシは長すぎて化粧ポーチに収まらないからであることが分かった。そこで、化粧ポーチにすっきり収まる短い電動歯ブラシを開発して、売り出したところ、ヒット商品になった。

夏になると、ビジネスマンも上着を取って、ワイシャツ姿になる。すると、ボールペンは長すぎて、ワイシャツのポケットに収まらない。そこで、ワイシャツのポケットにすっきり収まる短いボールペンが開発された。

辛坊本が批判するユニクロ方式も、庶民に手ごろな価格で衣料品を提供する、新しいビジネス・モデルである。

などなど。日本には、外国にはない便利なものがたくさんある。これも、市場原理が機能しているおかげである。

資源の節約と代替のインセンティブ

わたしたちが住む世界では、自然資源だけでなく、労働も、機械や設備などの資本財も希少である。希少なものはできるだけ節約し、その希少性が増すにつれて、希少性の少ないものに代替していかなければ、資源の枯渇を速めてしまう。それでは、持続的な成長は不可能である。

自由な競争市場には、人々や企業に希少資源の節約と代替を促すインセンティブが組み込まれている。

例えば、石油の需給が逼迫すれば、石油価格は高騰する。この高騰は石油の節約とエネルギー代替を引き起こすインセンティブになる。

石油価格が高騰すると、人々は燃費のよい車に買い換えようとする。これは石油消費量の節約につながる。さらに、石油価格が上がれば、ガソリン車からハイブリット車や電気自動車に乗り換えようとする。これはエネルギー源の代替である。

一九七三年の秋に第一次石油危機が勃発し、石油価格が急騰した。この原油価格急騰を前にして、多くの日本人は「石油依存度の大きい日本はもうだめだ」と陰鬱な気分に陥った。しかし、日本企業は猛烈な勢いで省エネに取り組み、少ないエネルギーで物やサービスを生産することに成功した。二〇〇七年現在、日本の国内総生産あたりのエネルギー消費量は石油危機が勃発した一九七三年よりも三二%も減少している。

こうした大きな省エネが進んだのは、競争的な市場では、企業は価格が高騰した資源の使用を大幅に節約して、費用を引き下げなければ、利益が得られず、生き残れないからである。

家計もエネルギー価格が上昇すれば、省エネに努めて、家計費を引き下げようとする。この家計の要望に応えて、省エネ電化製品や省エネ自動車を開発したのも日本企業である。企業が省エネ製品を開発するのは、そうした家計が求める製品を販売すれば、利益が上がるからである。

アメリカも七三年から〇七年までの三四年間で、国内総生産あたりのエネルギー消費量を四九％も削減している。

それに対して、長い間、計画経済を採用してきた旧ソ連では、同じ三四年間に国内総生産当たりエネルギー消費量は一一％しか減少していない。計画経済では企業が省エネにより費用削減に取り組んでも、企業の利益にならない。そのため、企業には省エネに取り組もうとするインセンティブがないのである。

以上の三国の数値を比較すると分かるように、市場経済がいかに巧みに省エネのインセンティブを企業と家計に与えるかが理解されるであろう。

市場原理主義批判者の矛盾

市場原理主義批判者の中には、〇八年当時の石油価格の高騰は投機によるものであるとして、投機を非難する人が少なくなかった。かれらが非難した投機は石油の先物買い投機である。

確かに、石油の先物買い投機が盛んになると、現在の現物の石油価格も高くなる。しかし、石油の先物買い投機を禁止すれば、現在の石油価格の高騰を防止できるが、それはまた、石油というますます希少になる資源の節約や石油に代わるエネルギーへの代替を抑制してしまう。

市場原理主義批判者の中には、地球温暖化防止の重要性を説く人が少なくない。とすれば、一方で、原油先物投機を批判し、他方で、地球温暖化防止の重要性を説くのは、矛盾している。地球温暖化が進むのは、発展途上国の経済発展とともに、ますます希少になる石油を、世界中が安い価格で湯水のごとく消費するからなのである。

石油先物投機による石油価格の高騰は、わたしたちに石油を節約せよ、石油に代わるエネルギーの開発に努めよ、と警告しているのである。

確かに、投機は行き過ぎることがある。しかし、だからといって投機を禁止すれば、創意・工夫や節約・代替によって希少資源を効率的に利用させる、という市場のよき機能までも排除してしまうことになる。

投機が行き過ぎることがあれば、それに対しては、投機を禁止するのではなく、投機の際の証拠金率を引き上げるなどの対策で対応すべきである。

非対称情報に対するさまざまな工夫

第4章で、「他人のことはよく分からない」という、情報の対称性について述べた。情報が非対称であると、次のように市場取引自体が消滅してしまう場合がある。

中古車市場を考えてみよう。中古車の買い手は中古車の質についてほとんど知識を持っていない。短時間、試乗してみるだけでは、故障があっても分からないことが多い。そのため、中古車の買い手は悪い中古車だった場合を考えて、できるだけ低い価格で買おうとする。すると、良い中古車を持っている人は買い手が買おうとする価格が低すぎるため、その良い中古車を売りに出そうとはしない。

その結果、中古車市場に売りに出される中古車は、悪い中古車だけになってしまう。そうなると、中古車の買い手はいっそう安い価格でなければ買おうとしなくなるから、中古車市場に売りに出される中古車は一層悪いものばかりになってしまう。この過程が続くと、中古車市場そのものがなくなってしまう。

このように、中古車市場では、買い手はできるだけ価格に見合った良い車を買おうとしているのに、自分が思っていたよりも悪い車を買ってしまうことになる。これを逆選択という。

これを逆選択というのは、通常の市場の競争メカニズムでは、良い製品が顧客によって選択されて生き残るのに、それと逆の選択に陥ってしまうからである。

こうした中古車市場の逆選択を防ぐために、日本の中古車販売業者は中古車を整備・点検した上で、二年保証などの保証をつけて売りに出している。

情報の非対称性が存在するところでは、常に、逆選択の可能性がある。逆選択の可能性を放置しておくと、市場が大きく縮小し、最悪の場合には、市場自体がなくなってしまう。しかし、自由な競争市場では、右で述べた中古車販売業者の例のように、逆選択を防ぐためのさまざまな工夫がなされる。

そもそも、行商人が店を構えて販売するようになったのも、逆選択を防ぐためである。店を構えて、「わたしは逃げも隠れもしません。品が悪かったら、お取替えします」と宣言しているのである。

第4章で説明したシグナリングも逆選択を防ぐ手段である。例えば、ファミレス、ホテル、コンビニ、スーパー、大型電気店などがチェーン店方式をとるのも、それらが販売する商品・サービスの品質はどこでも同じで、信用できますと言って、消費者が逆選択に陥らないようにするためである。

競争市場で生き残るためには、信用が重要である。信用を築くにはきわめて長い時間がかかるが、それを失うのは一瞬である。品質をごまかしていたことが発覚して倒産したり、売上高が大幅に減少した企業が、マスコミ報道をにぎわすことがある。

そういう不誠実な企業も時々現れるが、一般に、競争市場では、多くの企業が長年かかって築き上げた信用を失わないように、品質の管理に努めている。市場が競争的でなければ、ある企業が品質をごまかしたことが発覚しても、顧客は他の企業から買うという選択肢がないため、その企業は淘汰もされず、売上高の減少にも見舞われない。そのため、独占的企業には品質をごまかして利益をあげるインセンティブが存在する。これを防ぐことは、政府の競争政策の役割である。

金融や保険の発明

自由な市場は人々の便利のためにさまざまな工夫をするが、金融を仲介する機関もその一つである。よく、「銀行はお金を右から左に動かすだけで儲ける、いい商売だ」とモノを作る人からうらやましがられる。

しかし、実際は、銀行は「お金を右から左に動かすだけで儲かる商売」ではない。銀行がなければ、ほとんどの企業は融資を受けられない。わたしたち個人には、どの企業がお金を貸しても安全な企業かが見当も付かないからである。そのため、仮にわたしたち個人が企業にお金を貸し出せば、逆選択に陥って、返済してもらえなくなる可能性が大きい。

銀行がないために、融資を受けられなければ、モノを作る技術があってもモノを作って販売することはできない。

株式会社制度も市場の一大発明である。企業に資金を貸し出す金融機関や企業の発行する債券を購入する投資家は、利息の支払いと満期における元本の返済を前提としている。そのため、企業は利益がなくても、利息を支払い、元本を返済しなくてはならない。

それに対して、株式投資家（株主）は企業が利益を上げられないため、一円の配当がなくても、企業の成長を我慢強く待ってくれる。企業が長い年月をかけて、新しい商品開発に取り組めるのも、利息の支払いと元本の返済を求めない株主がいるからである。株主は企業のリスクを負担したくなくなったら、他の投資家に株式を売ることができる。企業が倒産しても、株価がゼロになるまでが株主の損失で、株主は自分の家などの財産を売ってまで企業の借金を返済する義務はない。

これが家計と企業とが未分離の個人企業であれば、個人業主は家などすべての財産をはたいて借金を返済しなければならない。そのため、個人企業ではリスクの大きな経営は不可能で、せいぜい、小さな小売店などが精一杯である。

自動車や飛行機やさまざまな家電製品や医薬品を開発する企業が存続できるのは、株主が企業経営のリスクを負担する、という株式会社制度という工夫のおかげである。

保険も自由な市場が作り出した便利なサービスである。生命保険がなかったら、一家の稼ぎ頭が亡くなった途端、家族は路頭に迷ってしまう。現代の日本では、自動車保険がなかったら、万が一、人を轢いてしまったときには、巨額な損害賠償金を自己負担しなければならない。全財産をはたくとともに、一生働き続けても損害賠償しきれないであろう。そんな危険なことはできないから、誰も自動車を運転できない。つまり、自動車を生産する技術があっても、自動車保険を販売する保険会社がなければ、自動車は役に立たない車がついた箱に過ぎないのである。

しかし、保険には情報の非対称性を原因とする逆選択に加えて、モラル・ハザードという困難な問題が存在する。保険のモラル・ハザードとは、例えば、自動車保険に加入していると、運転手が保険に加入していないときよりも運転に不注意になる、という現象をいう。運転手のモラル・ハザードにより事故が増えると、保険会社は採算が取れなくなって、保険を販売できなくなる。そこで、保険会社は運転手が不注意にならないように工夫する。保険金の支払いに免責条項を設けたり、保険金請求がなければ契約更新の際の保険料を割り引くといった工夫である。

以上のように、自由な競争市場は大きなリスクをとる企業の存在を可能にし、情報の非対称称性を原因とする逆選択やモラル・ハザードを防止するさまざまな工夫を編み出すのである。

私有権の重要な役割

右に述べたような市場の有益な機能は、私有権が法的に確立してはじめて発揮される。しかし、私有権に対しては、ジャン・ジャック・ルソー（一七一二〜七八）の「不平等の起源である」という考えや、カール・マルクス（一八一八〜八三）の、「資本主義経済が恐慌を繰り返すのは、資本家が生産手段（機械等）を私的に所有しているからである」という考えがある。

彼らは優れた哲学者ではあったが、これを経済学的に考えるときには、どうだろうか。私有権が存在していない場合には、次のような「共有地の悲劇」と呼ばれる現象が生ずる。

いま、ある村に、誰でもが無料で利用できる緑豊かな牧草地があるとしよう。村人たちはそこに牛を放牧して、生活する。しかし、牛が徹底的に牧草を食べつくしてしまい、枯野になるまで誰も放牧を止めようとしない。その結果、村人たちは緑豊かな牧草地を失ってしまう。

それに対して、誰かがこの牧草地を所有し、村人から放牧料を取って、放牧される牛の数を管理すれば、放牧地は常に再生可能な状態に維持される。そのように維持しなければ、牧草地の所有者は所得源を失うからである。

それでは、マルクスが考えたように、牧草地を村の共同所有とし、村が管理することにしたらどうであろうか。

この場合には、村人が多くなるにつれて、利害対立を解消することが困難になるため、村人の間で牧草地の管理に関して合意を形成できなくなる。飼育頭数の多い村人は長い期間の放牧を主張する一方、飼育頭数の少ない村人は長い期間の放牧を認めれば、牧草地が荒れると反対する。牧草地の維持管理費用の負担をめぐっても意見をまとめるのは難しい。

「共有地の悲劇」は、私的所有権が設定されていない、大気や河川や湖水や海などの自然環境が、なぜ汚染され、地球温暖化が進むのかを説明している。人も企業もこれらの自然環境をタダで、排気ガス、排水、廃棄物などの捨て場として利用するからである。

こうした行為を抑制する方法は、政府にそれらの自然環境の所有権があると考えて、そうした行為に対して環境税を課すことである。例えば、自動車の排気ガス量に応じて環境税を課すことは、大気を排気ガスの捨て場として利用することに対して使用料を徴収することに他ならない。つまり、排気ガスの捨て場として大気を利用することに価格をつけて、排ガス廃棄市場を人為的に作るのである。これは市場原理を利用する環境対策である。

人も企業も私的に所有しているからこそ、ものを大事に、最も有効に使おうとするのである。持ち家と賃貸住宅とでは、賃貸住宅のほうが住む人が丁寧に使わないため老朽化が早い。そのことが分かっているため、家主は持ち家ほど質のよい賃貸住宅を供給しようとしない。私が住むマンションの共有施設のキッチンでは、ナイフやフォークが盗まれ、コップは割られ、テーブルは傷だらけ、壁紙は剝がされる、といった無残な有様である。私的に所有されている本と図書館の本との傷み具合の違いなどなど、読者も例を考えてみられたい。

市場価値以外の価値を無視してはいない

「市場原理を重視する人は、社会には市場価値や貨幣価値以外にも価値が存在することを無視している」という誤解もある。

たとえば、親子の愛情や夫婦の愛情などは市場で取引されないから、市場価値あるいは貨幣価値を持たない。しかしだからといって、市場原理を重視する経済学者は親子の愛情や夫婦の愛情に価値があることを無視しているわけではない。

しかし、正統な経済学者は自分の能力と適性をわきまえている。経済学者は、経済学者としてもの申す限り、親子の愛情や夫婦の愛情がどうあるべきかに口を出すべきでないと考える。そうしたことに口を出すことは経済学者としての能力と適性を超えているからである。

このように、経済学者は自己の能力と限界をわきまえ、自己の発言領域を厳しく抑制している。この経済学者の自己抑制は、経済学を学んだことも、研究したこともないのに、まるで専門家のように経済問題を論ずるシロウト経済学者と大きく異なる点である。

経済学者はこのように自己抑制するが、親子や夫婦の問題に無関心なわけではない。親子や夫婦の問題に関する経済学者の役割は、親から子への相続財産に対する課税のあり方や離婚における財産分与とそれに対する税制のあり方などである。この点については、第6章で触れることにする。

美しい風景や自然や野生動物を貨幣価値で測ることも難しい。しかし、それらが人間にとって大きな価値を持っていることは当然である。したがって、いかにそれらの価値を守るかは重要な経済学の課題である。

自然が破壊され、多くの野生動物が絶滅の危機に瀕しているのは、それらについて所有権が設定されていないからである。私的所有権が設定されている牛や豚は、私有者が再生産を図るため絶滅しない。しかし、所有権が設定されていないアフリカゾウやツシマヤマネコなどの野生動物は、それらを絶滅しないように再生産する主体が存在しないため、絶滅の危機に瀕してしまう。

したがって、自然や野生動物の所有権を国家にあるとして権利の主体を確定することが、これらを守る第一歩になる。
このように所有権の主体を確定したとしても、自然や野生動物には市場価値が存在しないため、自然の破壊・改変や野生動物の減少・絶滅の機会費用を客観的に計算できない、という難問が存在する。ここに、機会費用とは自然の破壊・改変や野生動物の減少・絶滅によって失われる価値である。この機会費用を低く見積もれば見積もるほど、自然や野生動物を守ることはできなくなる。本書ではこの機会費用の計算に関する研究を紹介する余裕はないが、経済学者はこうした問題にも取り組んでいるのである。

この章では、自由な競争市場はきわめて有益な機能を発揮することを説明した。しかし、自由な競争市場は完全なものではない。その有益な機能が働かない分野も存在する。そこに、政府が登場する意味がある。次章では、そのことを説明しよう。

第6章

温かい心と冷静な頭脳で

第5章では、市場原理の優れた点を説明した。しかし、市場は完全なものではない。この章では、市場が達成できない諸問題を解決するための政策を説明しよう。本章は、時事的なものとして読まれるかもしれないが、あくまで一事例として最近の経済状況を取り上げるのであって、いつの時代にも通用する経済学的思考によってはじめて理解できる内容であることに変わりはない。

市場は完全雇用を達成できない

日本経済は一九九七年五月から景気後退に陥り、九八年に入って失業率がそれまでの三％代前半から四％台に急上昇した。二〇〇〇年代には五％台に達し、〇三年頃からの世界好景気による景気回復によって、一時三・九％まで低下したが、〇八年秋口以降の世界同時不況で再び上昇し、一〇年七月現在、五・二％で、失業者数は三四一万人である。

二〇一〇年七月の労働人口は一九八五年よりも一・一倍に増えたが、失業者は二・二倍も増加した。

二〇〇〇年代に入って、雇用の不安定な非正社員の比率が急上昇し、最近（一〇年四～六月）では、三三％に達している（図表6－1参照）。いまや、三人に一人は非正社員である。

以上のように、日本の雇用は一九九八年以降、悪化の一途をたどっている。ある程度の期

図表6－1　悪化する雇用

年代	非正社員比率	年齢階級別失業率					
		全体	15～24	25～34	35～44	45～54	55～64
1984～1989	17.2	2.6	5.0	2.8	1.9	1.8	3.9
1990～1994	20.3	2.4	4.8	2.7	1.7	1.4	2.9
1995～1999	22.9	3.8	7.2	4.5	2.6	2.3	4.5
2000～2004	29.0	5.0	9.6	6.0	3.8	3.6	5.4
2005～2009	33.4	4.3	8.1	5.5	3.7	3.1	3.9

（資料）総務省『労働力調査』

間職を探せば、現在の賃金で働きたいと思っている人がすべて職を見つけることができる状態を、非自発的失業者がいないという意味で、完全雇用という。失業者の中には賃金が不満であるために働こうとしない人や、さしあたり職探しをしている人もいると考えられるから、一〇年現在の三四一万人がすべて非自発的失業者であるとはいえない。

しかし、高く見積もっても、失業率が急上昇した一九九八年以前の三％台前半程度まで下がらなければ、完全雇用の状態とはいえないであろう。したがって、新たに、最低でも、一二〇万人程度の雇用を生みださなければ、完全雇用は達成されない。

日本の労働市場は九八年以降、完全雇用の達成に失敗し続けている。

第5章では、市場の有益な機能を説明した。しかし、残念ながら、市場は完全雇用を自動的に達成するメカニズムを持っていない。経済学者の中には、市場は長期的には完全雇用を達成すると主張する人もいるが、実際のデータで検証されているとはいえない。

デフレ予想が投資の不振を招く

日本では、〇七年度以降、一〇年現在まで、設備投資と住宅投資が大不振に陥っている。その最大の理由は、人々と企業がデフレを予想しているため、予想実質金利が大きく上昇し、高止まりしているからである。

設備投資や住宅投資に影響するのは長期の予想実質金利である。予想実質金利とは名目金利から予想インフレ率を差し引いた金利である。

例えば、住宅ローンの名目金利が四％であっても、インフレにより住宅価格が毎年三％で上がると予想されれば、予想される実質的な金利（予想実質金利という）は名目金利から住宅価格の予想上昇率を差し引いた一％になり、住宅に投資することは有利になる。つまり、住宅価格が上昇すると予想されるときには、住宅投資を早めたほうが有利だということである。

しかし、デフレにより住宅価格が毎年三％で下落すると予想されれば、住宅投資の予想実質金利は名目金利から予想されるインフレ率であるマイナス三％を差し引いた七％にも上昇するから、住宅投資を控えたほうが有利になる。つまり、住宅価格が下落すると予想される

図表6－2　予想インフレ率と予想長期実質金利

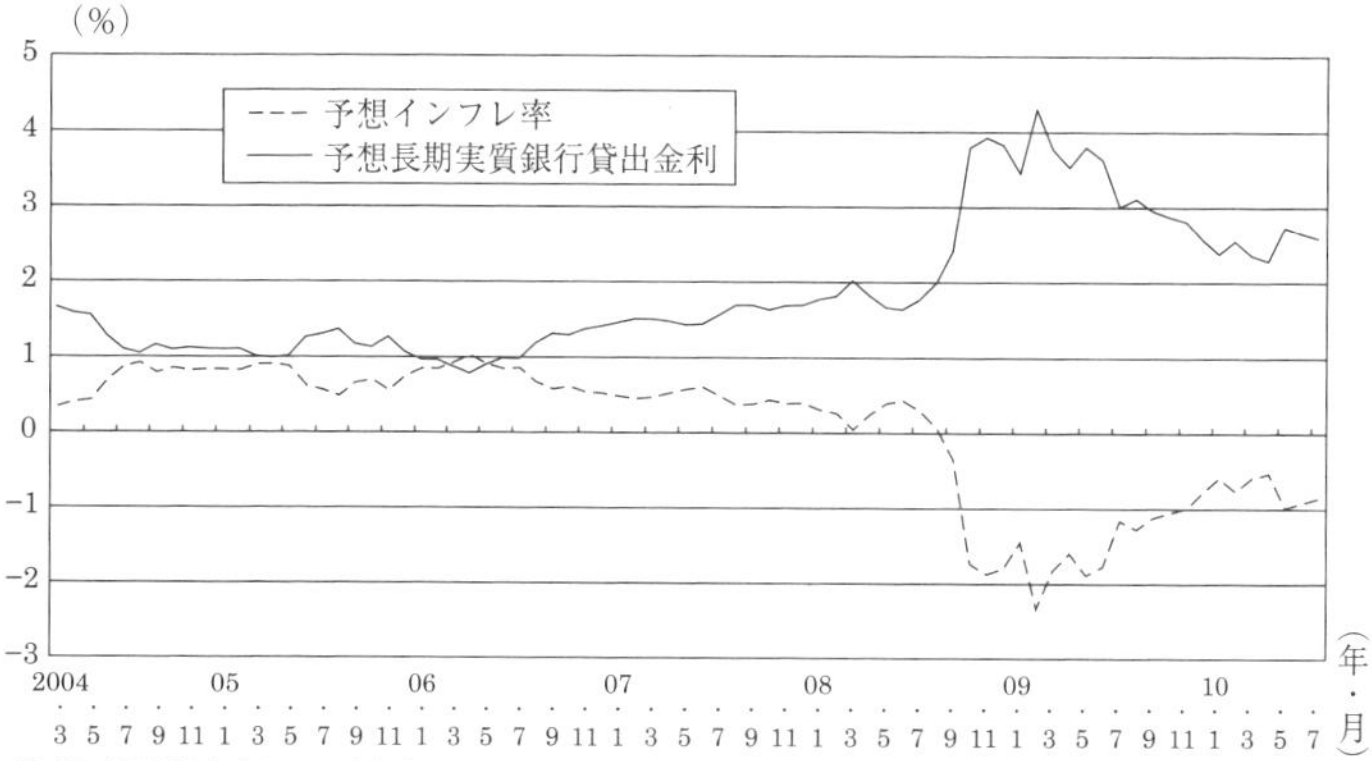

（資料）銀行貸出金利は日本銀行ホームページ。予想インフレ率は日本相互証券調べ。

ときには、住宅投資を住宅価格がもっと下がるまで延期したほうが有利である。

それでは、人々と企業はどのように長期のインフレを予想しているであろうか。日本には、一〇年物の普通国債と物価連動国債が存在するので、両者の名目金利の差から市場が予想しているインフレ率を知ることができる。図表6－2の点線がそれである。

予想インフレ率は〇六年四月には一％まで上昇した。しかしその後低下し始め、リーマン・ショックが起きた〇八年九月以降はマイナスになった（図表6－2の点線参照）。つまり、デフレが予想されるようになった。そのため、〇九年二月には予想長期実質銀行貸出金利は四・三％まで急騰した（図表6－2の実線参照）。

このように予想長期実質金利が高くなると、投資は窒息してしまう。実際に、〇九年度の民間企業設備投資と住宅投資はそれぞれ、前年度比マイナス一五・三％と一八・五％にまで落ち込んだのである。

一九九〇年代以降の世界各国の経験は、中央銀行が物価の安定に成功しなければ、どんなに市場が効率的であっても、安定的な経済成長と雇用を達成できないことを示している。

ここに、安定的な経済成長と雇用を達成できるという意味での物価の安定とは、過去二〇年の各国の経験から、インフレ率が中期的（一年半程度の期間）に二％から三％程度で推移することをいう。インフレ率が二％から三％程度で安定していれば、なぜ安定的な経済成長と雇用とが確保できるのかについては、金融政策が人々のインフレ予想に及ぼす影響を考慮したマクロ経済モデルによって説明することができる。

ところが、日本では、インフレ率はマイナスで、デフレが続いている。物価の安定度を知るためのインフレ率としては、短期的に大きく変動しやすい食料（とくに、そのうちの生鮮食品）とエネルギーを除いたコア・コア・インフレ率を採用することが適切である。

日本では、一九九八年半ばから二〇一〇年七月現在まで、一二年間にもわたって、デフレが続いている（図表6－3参照）。

物価の安定は市場の仕事ではなく、中央銀行、日本では、日本銀行の仕事である。物価の安定を使命とする日本銀行は、一二年間にもわたって物価の安定に失敗し続けているのであ

図表6－3　1984～2009年の物価変化率

年代	消費者物価変化率（除く生鮮食品）	コア・コア・インフレ率
1984～1989	1.3	2.1
1990～1994	2.0	2.0
1995～1999	0.4	0.7
2000～2004	−0.5	−0.6
2005～2009	0.04	−0.4

（資料）総務省『消費者物価指数』

る。

日本銀行がデフレを誘導する金融政策を改めて、デフレを脱却して、コア・コア・インフレ率を二％から三％程度に維持することに成功しない限り、日本の市場は完全雇用も二％程度の実質成長も維持できない。

政府が財政支出の拡大といった景気対策を実施すれば、一時的には、景気は多少良くなるが、それを止めれば、たちまち元に戻ってしまう。財政政策で一二〇万人程度の雇用を創出し、それを維持することは不可能である。この点については、拙著『景気ってなんだろう』（ちくまプリマー新書）、『世界同時不況』（ちくま新書）や『「不安」を「希望」に変える経済学』（PHP研究所）で詳しく説明したので、それらを参照されたい。

日銀にデフレ脱却のインセンティブを

デフレから脱却するためには、インフレ目標の設定が不可欠である。そのためには、インフレ目標採用国の二〇年前後の経験から、日本銀行法を改正して、日銀に二％から三％程度のインフレ目標の達成を義務付け、その達成期間を一年から一年半程度の中期とすることが適切である。

一方、このインフレ目標を達成する手段は日銀に任せる。このように、中央銀行の金融政策の目的は政府が決定し、目的達成手段については中央銀行の政府からの独立を認める、というのが現在の金融政策の世界的標準である。

日本の不幸は、日銀法改正で、日銀に目的設定と目的達成手段の両方について政府からの独立を認めてしまったことに始まる。両方の独立性を確保した日銀は、物価の安定を目的とするといいながら、物価の安定に明確なインフレ率を設定して、その目標達成にコミットすることを避けることが可能である。これが可能である限り、日銀はデフレになっても超インフレになってもなんら責任を取らずにすんでしまう。

それに対して、日銀にインフレ目標の達成を義務づければ、日銀がこの目標を期間内に達成できないときには、政府と国会は日銀に厳しい説明責任を求めることができる。ニュージーランドのように、その説明に納得がいかない場合には、政府に日銀総裁罷免権を与えることも検討に値する。

右に述べたことは、第4章で述べたインセンティブの理論からは当然のことである。日銀に明確な数値でインフレ目標の達成を義務づけない限り、日銀にはなんとしてでもデフレから脱却しようとするインセンティブは存在しない。誰しも明確な説明責任を負うよりも、責任を曖昧にできるほうが楽だからである。

インフレ目標政策はどのように機能するか

日銀へのインフレ目標達成の義務づけにより、日銀はインフレ目標の達成に強くコミット（説明責任をもって関与する）せざるを得なくなる。

インフレ目標を採用している各国の二〇年前後の経験は、ほとんどこの仕組みだけでインフレ目標を期間内に達成できることを示している。その理由は次の通りである。

市場参加者の間に、「中央銀行は金融政策を中期的（一年〜一年半程度）に目標インフレ率を達成するように運営することにコミットし、そのコミットを裏切ることはしない」という信頼が形成されると、中央銀行のインフレ予想の発表だけで、市場金利や株価や為替レートなどが適切な方向に反応する。そのため、中央銀行はごくわずかに政策金利等の政策変数を変化させればよい。

たとえば、日本銀行がデフレを脱却して、二％から三％程度のインフレ目標政策の達成のためにあらゆる手段をとると宣言すると、市場はインフレ予想をそのように修正するため、まず、株価が急上昇する。市場の名目金利も上がるが、完全雇用が達成されるまでは予想インフレ率の上昇ほどには上がらないため、予想実質金利は低下する。これにより、円安になる。

株価の上昇と予想実質金利の低下はともに投資（住宅投資と設備投資）と消費を刺激し、円安は輸出の拡大、輸入の減少および国内の輸入代替財の需要増大をもたらす。このようにして、需要が拡大するため、実際にも、デフレは収束し、やがて、インフレに転ずる。

二〇〇八年秋口からの世界同時不況では、アメリカ、スウェーデン、スイスの三国は〇九年に六カ月から九カ月の期間デフレに陥った。これら三国のうちスウェーデンは二％プラスマイナス一％のインフレ目標を設定している。アメリカとスイスはインフレ目標を設定しないが、アメリカの中央銀行（ＦＲＢ）はインフレ率が一％台に低下すると、「デフレになるリスクがあるが、ＦＲＢはデフレに絶対に陥らないように、あらゆる手段をとる用意がある」と宣言している。一方、スイスはインフレ率を二％以下に維持することを宣言しているが、「実際の消費者物価指数には上方バイアスがある（すなわち、統計上インフレ率が二％でも、実際のインフレ率はそれを下回る）」として、統計上のインフレ率の低下に対して慎重である。

これら三国はインフレに対して以上のような方針を宣言して、政策金利をゼロに設定し、徹底的な量的緩和を進めた（ＦＲＢは日本が二〇〇六年三月まで採用した量的緩和と区別して信用緩和と呼んでいるが、金融が量的に緩和するという点では変わりはない）。その結果、アメリカは六カ月で、スウェーデンとスイスは九カ月で、デフレから脱却することに成功したのである。

インフレ目標政策の誤解

日本では、次のような誤解が多くみられる。

第一の誤解は、日銀が量的緩和して、銀行にどんなにお金をばら撒いても、銀行は貸し出しを増やそうとしないから、貨幣（現金と預金）は増えない。したがって、デフレを脱却できない、という主張である。

確かに、日銀が二％から三％程度のインフレ目標の達成に説明責任を負ってコミットしなければ、量的緩和によってデフレを脱却することはできない。デフレ脱却の基本的メカニズムは、「日銀の、あらゆる手段を使ってデフレから脱却し、インフレ目標を達成するというコミットメントが、人々の間に穏やかなインフレ予想の形成を促す」という点にあるからである。量的緩和はあくまでも穏やかなインフレ予想の形成のためのあらゆる手段のうちの一つに過ぎない。

第1章で述べたように、日本の法人企業は金余りの状態にある。したがって、企業がインフレを予想するようになって、予想実質金利が低下すれば、企業は銀行からの借り入れに頼らずに、内部資金で投資資金を賄えるのである。実際に、次章で示すように、二〇〇三年頃からの景気回復は銀行貸出が減少する中で起きたのである。

銀行貸出が増えなくても、個人や企業の溜め込んでいた貨幣がインフレ予想の形成に伴って、取引に使われるようになる。これは貨幣の量が増えなくても、それが増えたのと同じ効果が発揮されることを意味する。この効果を、貨幣が取引を媒介する回数が増えるという意味で、専門用語では、貨幣の流通速度が上昇するという。

第二に、「量的緩和でお金の流通量が増えても、人々は買いたいものがないから買わない」という誤解がある。辛坊本もこの誤解に陥っている（辛坊本二〇六～二〇九頁）。量的緩和でお金（現金と預金）の流通量が増えるから、人々や企業がモノを買うようになるわけではない。日銀がインフレ目標の達成にコミットし、その達成の一手段として徹底的な量的緩和を採用すると宣言することが、人々と企業の間にインフレ予想を生み出して、次のような行動を促すのである。

すなわち、消費者が物価はこれ以上は下がらず、むしろこれからは上がると予想するようになると、溜め込んでいた現金と預金で買い控えていた耐久消費財や住宅をそれらの価格が上昇する前に購入しようとするのである。ただし、住宅の購入の場合は、溜め込んでいた現金や預金では足りず、銀行からも借り入れるであろう。

企業もデフレ予想からインフレ予想の転換により、予想実質金利が低下するため、溜め込んでいた現金と預金を使って設備投資に踏み切るのである。

したがって、デフレから脱却してしばらくの間は、銀行貸出は増えないから、貨幣の流通量は増えない。すでに述べたように、変化するのは貨幣の流通速度である。

第三の誤解は、日銀がインフレ目標達成にコミットして、長期国債を大量に購入すると、円の信用がなくなって暴落し、ハイパー・インフレ（超インフレ）になるというものである。

このように主張する人が、円がどこまで安くなれば、円の暴落というのかははっきりしない。

日本が景気後退に陥った二〇〇七年当時の円・ドルレートは一ドル一一八円程度であった。したがって、日本のマクロ経済の安定と適切な国際分業・適切な直接投資の観点からは、景気後退に入る前のこの程度の円・ドルレートが一つの目標になるであろう。

本章執筆時点の二〇一〇年一〇月三〇日現在の円・ドルレートは八〇・三九円であるから、円は三二％程度下落することが日本経済にとって望ましいと考えられる。したがって、この程度を円の暴落というならば、その暴落は望ましい暴落である。

ハイパー・インフレをあおる人は少なくないが、それは日本には、デフレかハイパー・インフレしかないという極端な主張である。現在の日銀の政策委員会メンバーに任せると、いったんインフレが起きると、ハイパー・インフレになるまで手をこまねいているしかなく、中期的に二％から三％のインフレを維持する能力がないというのであれば、その能力のある人に代えるべきである。

〇八年秋口からの世界同時不況にあって、アメリカ、イギリス、スイス、スウェーデンなどの中央銀行は市場からさまざまな資産を買い入れて、その保有資産を二倍から二・五倍に増やしたが、通貨の信認を失って、ハイパー・インフレになった国は一つもない。むしろ、二％から三％のインフレの維持に成功しているのである。

それに対して、日本銀行の保有資産はリーマン・ショック後、最大でも一〇％程度しか増えていない。これでは、デフレから脱却することができないのは当然である。

国会議員の見当違い

日本国民はもっぱら政府に景気対策を求めているが、見当違いである。国会議員やビジネス界のリーダーの大多数も同じである。一〇年九月の民主党代表選で、菅直人氏が代表に選出されると、人々はテレビのインタビューにことごとく、「菅さんには、景気対策をしっかりやって欲しい。雇用を確保して欲しい」と訴えていた。菅首相も代表選中、「一に雇用、二に雇用、三に雇用」と叫んでいた。しかし、デフレが続く限り、政府は好景気を維持して、雇用を創出し続けることはできない。

日銀を世界の多くの中央銀行と同じような、まともな中央銀行に変えることができるのは、国会議員である。国会議員は日本銀行法を改正して、日銀に世界の中央銀行と同じように二%から三%程度のインフレを維持する義務を課すことができる。それをせずに、やれ景気対策だ、やれ成長戦略だといっても、無駄である。

まずは国会議員が、右に述べた見当違いが雇用の減少と不安定を招いていることを認識して、日銀法を改正しようとしない限り、日本の成長と雇用に明日はない。

国債に関する誤解

長期にわたるデフレを伴った経済の低迷は大量の国債発行の継続を余儀なくさせ、財政の持続可能性が心配されている。

一般会計の税収は一九九〇年をピークに、その後の名目経済成長の低下と低迷のため減少し続け、〇四年にようやく増加に転じた。しかし、歳出の増加と高位安定のため、財政赤字が拡大し、赤字を埋める国債発行が続いたため、〇九年度末の国債残高（普通国債に財投債などを加えた内国債残高）のＧＤＰ比は一四三%に達した。

「はじめに」でも少し述べたが、こうした国債残高の累増については誤解が多いので、ここで、そのような誤解を正しながら、国債問題の本質とは何かを説明しておきたい。

誤解①［政府は国民の貯蓄を消費に使うべきでない］

第一の誤解は、国債は国民の貯蓄によって購入されたものであるから、国債発行で得た資金は役に立つ投資にだけ使うべきである、という考えである。これは辛坊本の考え方で、社会保障費のような消費は税金で賄うべきであるという。

辛坊本は、国民が貯蓄だと思って国債を買ったのに、政府がその国民の貯蓄を消費に使ってしまえば、何も残らないから、そうしたことを続けていると、いつか日本は破産する、という。

しかし、税金も国民の貯蓄を吸収したものであり、その点で国債となんら変わらない。辛坊本の主張が一貫性を持つためには、税金も国が国民の貯蓄を吸収したものであるから、社会保障費のような消費に使うべきでなく、役に立つ投資にだけ使うべきである、と主張しなければならない。

税収も国債発行収入も政府が国民の貯蓄を吸収したものであるが、政府がどちらも社会保障費のような消費に使えば、政府も含めた国民全体の貯蓄にはならない。

しかし、国民が貯蓄と思っていたものが、政府にわたると貯蓄にならなくなるからといって、政府を非難すべきではない。政府の仕事とは公共事業を除けば、もともと大部分が消費なのである。〇八年度の一般会計歳出に占める公共事業費は八・一%に過ぎない。一八・八%を占める地方交付税交付金の大部分も地方政府によって消費に使われる。

つまり、国民は主として政府消費を賄うために税を納めるか、国債を購入するかのいずれかを選択しているのである。

税金と国債の違いは、いま税金を払うか、それとも将来税金を払うかという点にあり、それ以上の違いはない。税金を払う時期が異なるからといって、その使途まで変える理由はない。

誤解② 「国債は将来、税を納める人が負担する」

第二に、国債は将来世代の負担になり、政府サービスの受益と負担に関する世代間不公平の原因になる、という主張がある。これは財務省の「日本の財政を考える」というサイトにおける主張である。

この主張は世代会計の考え方に基づくものであるが、世代会計は国債が将来世代の負担になるかどうかを考える上では適切ではない。

財務省も一般の人も（しばしば、経済学者でさえも）、将来世代は税金を納めて、国債を償還しなければならないから、国債は将来世代の負担になる、と考えている。

しかし、将来世代の誰かが償還される国債を持っているはずである。したがって、将来世代は、一方で国債償還のために税金を納めるが、他方で国債償還を受けている。つまり、将来世代のポケットから政府にわたったお金（税金）は、国債償還に伴って将来世代のポケットに戻ってくるのである。後述するように、このことは、日本のような対外純債権国では、外国人が国債を保有している場合にもあてはまる（一八三頁参照）。

右に述べたことは、財務省をはじめとする一般の人の「将来世代は税金を納めて、国債を償還しなければならないから、国債は将来世代の負担になる」という考えは、間違っていることを示している。

将来世代が国債を負担するのはどういうときか

それでは、将来世代が国債を負担することはないのだろうか。右の財務省のように国債の負担を考える限りは、将来世代は現在発行された国債を負担しない。国債の負担を考えるためには、第4章で述べたように、負担を機会費用で考えなければならない。

国債が将来世代の負担になるかどうかは、他の事情を一定として、政府収入を税金で賄った場合と国債発行で賄った場合とで、将来世代の効用が異なるかどうかで判断すべきである。第4章で述べたように、負担とは費用（あるいは、機会費用）であり、それは「ある選択をしたときに失われる価値」である。この失われる価値とは国民にとっては失われる効用である。

いま、国民には同じ目的に使うための政府支出を賄うために、納税するか国債発行を引き受けるかのいずれを選ぶかの選択がある、としよう。

このとき、国債の負担（すなわち、国債の機会費用）を失われる効用で測れば、「現在世代が納税ではなく、国債発行の引き受けを選択したときのほうが、将来世代が失う効用が大きくなれば、将来世代は国債を負担する」ことになる。

それでは、こうしたことはどのようなときに起きるであろうか。使途が同じ政府支出を税で賄うか、国債発行で賄うかで異なるのは、金利に及ぼす効果である。税とは政府が国民の貯蓄を強制的に吸収するものである。それに対して、政府が政府支出を国債発行で賄う場合には、国民と競争して国民の貯蓄を獲得しなければならない。この国民との貯蓄獲得競争を通じて、名目金利が上昇する可能性がある。

仮に、人々の予想インフレ率を一定として、名目金利が上昇すると、予想実質金利は上昇する。これは、民間投資を抑制する可能性がある。現在世代が納税を選択した場合よりも、民間投資が減少すると、将来世代が利用できる資本設備が減少するため、将来の国内総生産は減少する。将来の国内総生産が減少すれば、将来世代が消費できるものも減少するから、将来世代の効用は現在世代が納税を選択したときよりも低下する。その結果、現在発行される国債は将来世代の負担になる。

国債が将来世代の負担になるもう一つのケースは、国債発行による予想実質金利の上昇によって、円高になるケースである。為替相場は日本と外国の予想実質金利差の影響を受けて変化する傾向がある。

例えば、二〇一〇年一月から八月（本書執筆現在）にかけて、米国債（一〇年物）の名目金利は日本国債（一〇年物）の名目金利よりも二ポイント程度高かった。しかし、日本のほうがデフレのため、予想インフレ率が低くなるため、予想実質金利では日本のほうが〇・五ポイントから〇・九ポイント程度高かった。これが円高・ドル安をもたらした基本的要因である。

円高になると、現在世代が納税を選択したときよりも日本の経常収支は減少する。経常収支の減少とは日本の対外資産が減少することを意味する。日本の対外資産が減少すれば、将来世代がその資産を取り崩して海外から輸入して、消費にあてることができるものも減少する。その結果、将来世代は現在世代が納税を選択したときよりも、消費によって得られる効用が低下する。かくて、現在世代は国債の負担のツケを将来世代に回すことになる。

誤解③「外国人が国債を保有していると、負担になる」

右に述べたことから、次のことが分かる。しばしば、「日本では、国債はほとんど日本人によって保有されているから、国債はほとんど将来世代の負担にならない。しかし、もし外国人が多くの国債を保有していると、将来世代の負担は大きくなる。なぜならば、国債を外国人が保有していると、国債を償還するために、国民から税金を取って、それを外国の国債保有者に払わなければならないからである」と主張される。しかし、この主張は正しくない。

将来、増税してその税金で外国人が保有している国債の償還にあてるという点だけに着目すると、将来世代の消費はその増税分だけ減少するから、その効用も低下する。この限りでは、外国人が国債を保有していると、国債は将来世代の負担になる。

しかし、日本は対外純債権国（対外資産が外国に対する債務よりも大きい）である。この対外純債権は過去からの日本の経常収支の黒字が積み上がったもので、過去から現在までの世代が将来世代のために遺した資産である。したがって、将来世代は、外国人が保有している国債を税金で償還するときに、同時に、対外純債権をとり崩して、そのお金で外国から消費財を輸入して消費にあてることができる。この消費により、増税（外国人保有の国債償還額に等しい）による消費の減少を相殺できる。したがって、将来世代の消費は減少しないから、国債は将来世代の負担にならない。

つまり、国債を外国人が保有しているときには、その分の国債償還金は国民のポケットには戻ってこないが、対外債権を取り崩せば、国債償還金と同額のおカネが国民のポケットに戻ってくるのである。

それに対して、右に述べたように、国債の発行により金利が上昇して、円高になり、経常収支の黒字が減るときには、経常収支黒字の減少分だけ対外純債権が減少する。この対外純債権の減少は将来世代がそれを取り崩して輸入できる消費財が減少することを意味する。国債が将来世代の負担になるのはそのためである。

以上から、次の結論が得られる。

「納税を選択したときよりも国債を発行したときのほうが、予想実質金利が高くなれば、国債は将来世代によって負担される」

将来世代は国債を負担することになるか

それでは、一九九〇年代以降の国債の累増は将来世代の負担になるであろうか。

国債残高は一九九八年頃から急増し始めるが、当時の国債（一〇年物。以下同じ）の名目金利は一％台後半だった。国債の名目金利はその後どんどん低下して、〇三年五月には〇・五三％まで低下した。その後も上がったとしても、二％以上になることはなかった。

すなわち、国債残高の累増は名目金利の上昇をもたらさなかったのである。

しかし、日銀の不適切な金融政策が続いたため、デフレが長期化し、予想インフレ率はマイナスになってしまった。これにより、名目金利が低下したにもかかわらず、予想実質金利は上昇してしまった。この上昇は投資を抑制するとともに、円高をもたらした。これらは、予想インフレ率が二％から三％程度で推移したときに比べて、国内総生産と消費と雇用と輸出の減少をもたらし、国民の効用を低下させたのである。

以上から、いままでのところ、国債の累増は将来世代に国債負担というツケを回す事態を引き起こしていない。それに対して、日銀の不適切な金融政策はすでに長期にわたって国民に負担を押し付け、将来世代に更なる負担を負わせようとしている。このことこそ、日本国民がいま最も理解し、事態を改善しなければならない経済問題である。

誤解④［役に立つ公共投資をすれば負担にならない］

国債発行収入で役に立つ公共投資をすれば、将来世代に国債負担のツケをまわすことにはならない、という主張もある。これは経済学者としてはあるまじき誤解であるが、日本では、肝心の財政学者を含めてこのような誤解を振りまく人が少なくない。

これが経済学者としてあるまじき誤解であるのは、何かの効果を考えるときには、他の事情を一定にしなければならず、これは経済学者があることの効果を考えるときの基本中の基本だからである。

税金で財源を調達したときには役に立つ公共投資をするが、国債発行で財源を調達したときには役に立たない公共投資をすれば、後者のほうが将来世代の負担（効用の低下）が大きくなるのは当たり前である。この場合、後者のほうが将来世代の負担が大きくなったのは、国債で財源を調達したからではなく、税金で財源を調達したときよりも役に立たない公共投資をしたからである。

税と国債発行で将来世代の負担が異なるかどうかを思考実験するときには、どちらの場合も同じ公共投資を実施すると仮定しなければならない。

国債累増は国債の暴落を招くか

しかし、国の借金の話はこれでは終わらない。国の借金は結局、国民が税金で払うしかないとしても、それで、全く問題がないとはいかないからである。

すでに述べたように、一九九八年頃から、国債の急激な累増が始まっても、国債の名目金利は安定している。このことはこれまで国債価格は安定的に推移してきたことを意味する。それに対して、国債価格が下がれば、国債の名目金利は上昇する。このことを次に説明しておこう。

国債を保有していれば、利子と国債保有期間当たりの償還差益（国債の償還価格と国債価格の差を国債の償還までの期間で割ったもの）の合計の利益を受け取る。利子と国債保有期間当たりの償還差益の合計を国債の価格で割ったものが、国債の名目金利である。

これらの利益のうち利子は国債発行時に決められており一定であるから、利子を国債価格で割った値は、国債価格が下がれば上昇する。

一方、国債保有期間当たりの償還差益を国債価格で割るということは、［(国債償還価格－国債価格)÷国債保有期間］を国債価格で割るということである。この計算は、(国債償還価格÷国債価格－1）を国債保有期間で割ることになるから、国債保有期間当たりの償還差益を国債価格で割った値も、国債価格が下がれば上昇する。

以上から、国債価格が下がれば、国債の名目金利は上昇することが分かった。

さて、国債残高が累増したため、国民が国債を現在の価格ではそれ以上買おうとしなくなるとしよう。そうなると、国債価格は下落するから、国債の名目金利は上昇する。

日本が破綻するという人の意味するところが、国債価格が暴落するということであるとしよう。

将来、日本の名目成長率が四％にまで上がると、過去の経験から、国債の名目金利も四％近くまで上がると考えられる。これは国債価格が一八％弱低下することを意味する。名目成長率が五％まで上がれば、国債価格は二三％程度下落する。

日本は破綻すると主張する人が、この程度の国債価格の下落を暴落と定義し、それらが起こることを「日本の破綻」というのであれば、日本がデフレを脱却して、名目成長率が主要国並みの四〜五％になれば、日本は破綻することになる。

しかし、実際には、この程度の国債価格の暴落で日本が破綻するわけではない。事態は全く逆で、成長率が上昇し、完全雇用が達成されて、日本経済はようやく暗い闇から抜け出ることができるのである。

どのような状態になったら、国が破綻するというかは、経済学者の間でも合意があるわけではない。有力な考え方は、長期的に国債残高の対名目国内総生産比が青天井で上昇し、その上昇が止まらない状況を、国が破綻する状況と考える、というものである。

名目成長率が四〜五％になれば、税収が大幅に増加するから、財政収支は改善する。このとき、国債残高の対名目ＧＤＰ比は名目成長率が国債の名目金利を上回っていれば、低下し、下回っていれば発散する。過去の日本の経験や諸外国の経験から、名目成長率が四％から五％であれば、名目金利は名目成長率をやや下回る水準になるから、発散の心配はない。

それに対して、デフレが続いたために、一九九八年度から二〇〇九年度の一二年間の日本の名目成長率の平均はマイナス〇・六％で、国債の長期名目金利（一％前後）を大きく割り込んでいる。この状態が今後も長く続くと、国債残高の対名目ＧＤＰ比の上昇は止まらなくなる。この意味でも、金融政策により、デフレからの早期脱却が日本経済の喫緊の課題であることが分かる。

名目成長率が四％から五％になることは、日本の潜在成長率（完全雇用が達成されたときに実現可能な最大限の実質成長率のこと）は二％程度と考えられるから、実質成長率もそれに等しい二％程度になり、インフレ率が二％から三％程度になることを意味する。

日本経済が完全雇用に達する過程で、インフレ率の上昇とともに予想インフレ率も上昇する。しかし、完全雇用が達成されるまでは、経済成長とともに貯蓄が増え、その増えた貯蓄が投資を増やすときに必要になる資金を賄う。このように、投資資金需要の増加に応じて貯蓄が増加するため、名目金利は予想インフレ率の上昇ほどには上がらない。これにより、予想実質金利が低下し、その低下が円安をもたらす。その結果、投資と輸出が伸びて、実質成長率が二％程度の潜在成長率まで上昇し、名目成長率は四〜五％で安定するのである。

以上の穏やかなインフレによる成長戦略に対して、消費税増税によって、財政収支の改善を図ろうとする考えがある。しかし、デフレ不況のままで、消費税を増税すれば、消費が一層冷え込み、名目成長率と実質成長率は一層低下する。そのため、むしろ税収は伸びず、財政は改善しない。その一方で、雇用が減少して、すでに述べた日本の雇用問題はますます深刻になるであろう。

実際に、一九九七年四月の消費税率の三％から五％への引き上げは、引き上げの翌月から景気後退を招いた。本書執筆時点の二〇一〇年一〇月の経済状況は九七年四月よりもはるかに悪い。したがって、九七年の二の舞に陥る確率はきわめて高いといえよう。

温かい心と冷静な頭脳で

ここで、経済政策を作成する上で最も重要な心構えに触れておこう。それは、「温かい心で、しかし、冷静な頭脳で」という心構えである。これは、近代経済学の始祖といわれるアルフレッド・マーシャル（一八四二〜一九二四）が経済学研究に当たって座右の銘とした言葉である。

経済政策を作成するときには、貧しい人、恵まれない人の立場を「温かい心」で見つめ、その人が置かれた状況を改善しようとしなければならない。しかし、「温かい心」だけでは、貧しい人や恵まれない人を助けることはできない。どうしたら貧しい人や恵まれない人を助けることができるかを知るためには、「冷静な頭脳」が必要である。

経済政策の作成の場合には、「冷静な頭脳」とは、経済モデルである。第4章で説明したように、経済モデルによれば、経済政策はそれが人や企業に対して適切なインセンティブを与えるものでなければ、その目的を達成できない。このインセンティブに逆らう経済政策は、その目的を達成できないどころか、しばしば、目的と逆の事態を引き起こし、人々を苦しめることになる。

　例えば、日本には、借家法というきわめて強く借家人を保護する法律がある。この法律があるため、家主は現在の借家人との借家契約が切れたときに、自分自身がその家に住もうと思っても、現在の借家人が立ち退いてくれない限り、自分の家に住むことはできない。

　このような日本の借家法は、借家人は家を持っておらず、家主よりも弱者であるという、借家人に対する「温かい心」から作られている。

　しかし、この借家法を家主から見れば、いったん家を貸すと、自分が住みたいと思っても住めなくなってしまう法律である。そのため、自分が住むことになるかもしれないような家を貸そうとする人はいなくなる。

　また、単身者よりも家族持ちのほうが転居の費用（子供の転校に伴う費用など）は高くなる。そのため、家族持ちは容易なことでは転居しようとしない。その結果、家主が広めの家族用借家を貸すと、家主自身が使用できなくなるだけでなく、より高い家賃を払う人が現れても、その人に貸すことはできなくなる。

　日本の借家の多くが家族用ではなく、ワン・ルームのような単身用で、品質が持ち家に比べて著しく劣るのは、右のように、借家人の居住権を強すぎるほど保護する借家法のせいである。この借家法は、借家供給によってできるだけ大きな所得を得たい、自分が住みたくなったら契約を更新したくない、といった家主の借家供給におけるインセンティブに逆らった法律である。

このように、「温かい心」だけから作られた日本の借家法は質のよい家族用の借家の供給を大幅に減らしている。そのため、広めの家族用の家を求める人は、無理をしてでも住宅ローンを組んで、持ち家を持たなければならない。

借家需給に関する経済モデルに基づく「冷静な頭脳」からは、借家供給を増やすためには、借家契約をできるだけ自由にし、低所得者の居住権を保護するためには、政府が低所得者の家賃を補助する、という二つの政策を組み合わせる、という処方箋が出てくる。

これは、「借家供給を増やすという目的と低所得者の居住権を保護するというように、二つの政策目的がある場合には、それぞれの目的を達成する上でより適切な二つの政策を割当てる」という経済政策の原理の一例である。

この経済政策の原理は、一般的には、「複数の目的があるときには、複数の手段で対応する」と表現される。

硬直的な日本の労働市場

次に、二〇一〇年現在、重要な経済問題になっている、大学生の大量の就職留年や正社員と非正社員の賃金と雇用の安定性にかかわる大きな格差問題の解決策に、「温かい心で、しかし冷静な頭脳で」取り組んでみよう。

市場には完全雇用を達成するメカニズムは存在しない。しかし、日銀がまともな政策に転換して、完全雇用が達成されたとして、その状態で人々をどのような仕事に配分するかは、市場の仕事である。

それでは、日本の労働市場は自由な競争市場の観点からは、どのように評価されるであろうか。

日本企業の採用人事は、一年に一回の一括採用で、中途採用はきわめて少ない。そのため、学校卒業時に就職を決めなければ、それ以後の就職は著しく難しくなる。

読売新聞の「大学の実力」調査によると、二〇一〇年には、卒業年限を迎えながら留年する学生が全国の大学で少なくとも七万九〇〇〇人いると推計される。卒業予定者数は約五六万八〇〇〇人であるから、七人に一人は留年している計算になる。

こうした大量留年が発生するのは、根強い企業の「新卒一括採用」のためで、就職が決まらず翌年に再び「新卒」として就職活動に臨もうとするからである。

就職時期に景気が悪ければ、一生、正社員として働けなくなり、低賃金・不安定雇用の状態に置かれる。これほど、大きな差別はないであろう。日本の労働市場とは、こういう選択の自由のない市場である。

日本の労働市場は、欧米では普通に見られる、大学を卒業してから、何年間かアルバイトをしながら外国での生活を体験したり、大学を卒業してからしばらくの間は、自分に向いている職を探す、といった余裕の全くない、硬直した市場である。

以上から、残念であるが、日本の労働市場は自由な競争市場という観点からは、きわめて低い評価しか与えられない。

労働市場をゆがめる諸制度

しかし、もともと日本の労働市場が自由で競争的でなかったわけではない。自由で競争的でなくなったのは、いくつかの制度的要因のためである。そのような要因としては次が考えられる。

(1)正社員を非正社員に比べて優遇している雇用慣行を支えている判例(整理解雇の判例)
(2)退職金優遇税制
(3)労働者派遣法

これらの制度は、以下に述べるように、自由で競争的な労働市場の形成を困難にしている。

まず、(1)の整理解雇の判例から検討しよう。この判例によれば、会社が倒産の危機にあって整理解雇が必要である場合にも、①解雇の必要性や、②解雇回避の努力などの要件を満たしていなければ、正社員を解雇できない。②の解雇回避の努力には、正社員を解雇する前に、新規採用の抑制や非正社員の雇用契約更新を停止することが含まれている。つまり、公正であるべき裁判所が正社員を解雇する前に、非正社員の雇い止め（派遣切り）を求めているのである。

この判例は、正社員は雇ったが最後、めったに解雇できないことを意味する。したがって、企業は不況の時には、正社員はほとんど採用できないし、景気が良くなってもその雇用を増やすことに慎重にならざるを得ない。

それでも、一九九一年までは正社員雇用が増大したのは、三％から五％程度の成長が続いたからである。しかし、九二年から二〇年近くも続く低成長のもとでは、企業は正社員の雇用を増やすことはできない。

雇用の安定が保障された正社員はめったなことでは辞めない。したがって、企業が中途採用で経験を積んで熟練した人材を獲得できる機会は少ない。これは企業が中途採用をためらう一因になる。熟練の程度がよく分からない人を中途採用するとすれば、いったん雇ったが最後、めったに解雇できない正社員として雇うのは危険だからである。そのため、中途採用は解雇しやすい非正社員採用になる。

(2)の勤続年数が長ければ長いほど、退職金の税金が優遇される税制も正社員を優遇し、転職を不利にしている。これはまた、企業が優秀な人材を中途採用する機会を狭めることにつながる。その結果、企業は中途採用に消極的になる。

(3)の労働者派遣法は二〇〇四年に改正され、派遣先は、従来、派遣受け入れ期間が一年に制限されてきた業務について、労働者の過半数代表の意見聴取をした上で最長三年まで派遣を受け入れることが可能になった。

しかし、労働組合等から、労働者派遣を受け入れようとする期間が適当でない旨の意見を受けた場合には、派遣先の考え方を説明したり、労働組合等の意見を勘案して再検討を加えたりして、労働組合等の意見を十分に尊重するよう努めなければならない。

二〇〇四年の労働者派遣法の改正は、企業の派遣労働者の受け入れ規制を緩和したものであるが、それでも、正社員を派遣労働者との競争からきわめて強く保護していることに変わりはない。派遣労働者のほうが正社員よりもどんなに優秀であっても、派遣労働者は最大でも三年たてば契約が切れるから、正社員は派遣労働者に取って代わられる心配はない。

労働者派遣法は正社員を非正社員との競争から守ることによって、非正社員に比べて、正社員の雇用の安定とより高い賃金を保障しているのである。

このように、労働市場の経済モデルに基づく「冷静な頭脳」からは、以上のような法制度や税制が自由で競争的な労働市場の形成を妨げ、大量留年や正社員と非正社員との間の格差を生み出していることが分かる。それにもかかわらず、民主党政権は派遣労働者への「温かい心」だけから、労働者派遣を再規制しようとしている（二〇一〇年現在）。

労働者派遣を再規制すべきであると主張する人たちは、労働者派遣を再規制すれば、企業は正社員雇用を増やすだろうと考えている。しかし、企業は利益を追求する主体であって、慈善団体ではない。

労働者派遣が再規制されれば、企業には派遣労働者を雇用する以外の方法で、景気に応じて柔軟に対応できる雇用を増やすインセンティブが与えられる。①非正社員に代えて、親会社と子会社などの関連会社との間で労働者を融通し合う、②正社員の賃金を引き下げる、③相対的に賃金の低い海外に移転する、などの対応である。企業は派遣労働の再規制を予想して、このような対応をすでに始めている（二〇一〇年九月現在）。その結果、失業が増え、雇用需要の減少した非正社員の賃金は低下する。

しかし、以上のような法制度と税制を自由で競争的な労働市場の形成に向けて改正すべきであるといっても、その改正に先立って、デフレ不況から脱却して、雇用需要そのものを増大させておかなければならない。

雇用需要が減っている状態のままで、この改正を進めれば、これまでの正社員と非正社員が職を争って、両者の立場が入れ替わるだけだからである。それでは、受験生が全員いままで以上に努力しても、入学定員が増えない限り、合格者と不合格者の数に変わりがないのと同じことになってしまう。

ここでもまた、金融政策によって、デフレ不況から脱出して、雇用を分けあうパイを大きくすることが先決である、という結論になる。正社員と非正社員の競争条件を均等化する改革はその後に着手すべきである。

「温かい心」からの転職への配慮

右のような労働市場を自由で競争的な市場に変える政策を採用すると、これまで正社員として働いてきた人たちは急に非正社員と競争しなければならなくなり、人生設計が大きく狂ってしまう。それは、正社員はこれまで雇用の安定を前提に人生設計（住宅ローンや出産や子供の教育などの計画）をしてきたからである。

さらに、右のような政策が採用されても、すぐには転職市場が整備されないため、しばらくの間は、職を失った正社員の転職は困難である。

正社員が直面するこうした事情に「温かい心」から配慮し、「冷静な頭脳」で対策を考える必要がある。ここでは、この点を詳細に論じている余裕はないが、「解雇手続法」とセーフティーネットの整備についてだけ触れておこう（詳しくは、八代尚宏『労働市場改革の経済学』東洋経済新報社を参照）。

まず、解雇に際して金銭を支払う解雇補償義務と再就職支援義務を法的に「解雇手続法」として確立すべきである。企業の反対を押し切って職場に残っても、よい結果は期待できない。それよりも、金銭補償を受けて新たな職についたほうが本人も幸せであろう。金銭賠償の最低基準としては、希望退職金の割り増し水準が参考になる。

アメリカの解雇において採用されているような、企業年金の繰り上げ支給も有効であろう。解雇した社員の再就職支援も必要である。たとえば、退職前の一定期間を再就職のための期間にあて、職探しのコストを企業が負担するといったことが考えられる。

失職した場合のセーフティーネットとしては、雇用保険の加入資格拡大と失業者に対する公的家賃補助が有効である。二〇〇九年度の雇用保険制度改正で、雇用保険加入条件である雇用見込み期間が「一年以上」から「六カ月以上」に短縮されたが、八代氏はこれを厚生年金や医療保険の被保険者資格並みに二カ月以上に引き下げることを提案している。

失業者に対する公的家賃補助制度を創設するのは、収入のない失業者に家を貸す家主はいないからである。

正統な経済学とは

右の例のように、雇用の安定、正社員と非正社員との格差の是正、中途採用市場や転職市場の創設、法制度改正による急激な変化の緩和、といった複数の目的のためには、デフレ脱却に向けた金融緩和政策などを含む複数の手段を用意する必要がある。

そうした複数の手段を用意することなく、ただ単に、「日本経済の再生のためには、派遣労働を規制緩和すればよい」というのであれば、「何でも自由にすればよいと考える市場原理主義者」と批判されても仕方がない。

しかし、正統な経済学はそんなことを主張はしない。正統な経済学は「温かい心で、しかし冷静な頭脳」で政策を考えるから、その考えからは、「何でも自由にすればよい」という政策は導かれないのである。

夫婦「共産」制をどう実現するか

一〇年以上も前のものだが、宮崎哲弥氏は、選択的夫婦別姓に反対する論考の中で、次のような趣旨で、夫婦「共産」制を提唱している（「安易な別姓論を排し、夫婦『共産』主義を導入せよ」『論争　東洋経済』一九九六年一一月号、東洋経済新報社）。

「現行民法は、夫婦の共働、共助、共生の理念に反する夫婦別産制をとっている。(中略)専業主婦の家事労働はもとより、自営業では、夫婦双方が生産労働に従事している場合が多い。それなのに、主に妻の側の労働が適正に評価されず、別産制によって、その財産形成が阻害されていることが、夫婦の不平等感のそもそもの主因なのである。

夫婦間に契約などの市場主義的関係性を持ち込むよりも、私は、おだやかな『共産』主義こそが導入されてしかるべきであると考える」(一三五頁)

「現行民法は夫婦の共働、共助、共生の理念に反している」という宮崎氏の指摘はその通りである。そこで問題にすべきはどうしたら「夫婦共働き、共助、共生の理念」を実現できるかである。

専業主婦などの財産形成を妨げている要因としては、現行の贈与税や譲渡所得税などの税制の要因が大きい。たとえば、夫が専業主婦に労働の対価として年間四一〇万円支払うと、三五万円の贈与税がかかる。夫が居住している不動産の一部を時価一五〇〇万円で妻に贈与すれば、贈与税は四七〇万円にも上る(このときの贈与税率は最高の五〇%である)。

妻が離婚の際に分与された財産の額が、婚姻中の夫婦の協力によって得た財産の価額やその他すべての事情を考慮しても多過ぎると税務署が判断すると、その超過分に贈与税がかかる。あるいは、離婚の際に夫が妻に居住用不動産を贈与すると、夫に譲渡所得税がかかる。

宮崎氏は、「夫婦間に契約などの市場原理を持ち込むよりも、わたしは、おだやかな『共産』主義こそが導入されるべきであると考える」というが、夫婦共産主義とは具体的にどのような制度によって担保されるかを示していない。肝心なことは、夫婦共産主義の実現を妨げている民法や税制の具体的改革案である。この改革は、「夫婦間の財産分配契約に関する市場のルールを整備すること」に他ならない。

「冷静な頭脳」から、夫婦間の明文化した契約を民法と税制が担保することこそが、夫婦共産主義を実現する不可欠の作業である。

「温かい心」から、曖昧な「おだやかな『共産』主義」の理念だけを掲げても、夫婦共産主義にとってなんらの保障にならない。

宮崎氏は右に引用した文章に続いて、「競争原理を家族にまで適用しようとは暴論としかいいようがない。それは、最も親しき他者の存在すら、結局自己目的の手段とみなす精神的頽廃を、社会の基底部にまで浸透させる構想であり『共生の時代』にまったく相応しくない、時代遅れの『活性化』論である」（一三五頁）という。

この文章が市場原理に対する批判であれば、誤解である。第5章で述べたように、市場原理を重視することは、「何でも競争原理を導入すればよい」と主張していることを意味しないし、市場価値を持たないものは価値がないと無視するわけでもない。

結婚と離婚についていえば、これらも市場取引と同じように、契約であることに変わりはない。契約については、競争原理を導入する前に、競争するときのルールを公正なものにしておかなければならない。

夫婦の財産形成についていえば、結婚生活が平和なときには夫婦どちらの財産であろうが、ほとんど問題にならない。問題になるのは、離婚といった危機の際である。その危機の際に、夫婦の一方が不利にならないように、前もって夫婦財産形成に関する民法と税制を公正なものにしておく必要がある。

このような結婚や夫婦の財産形成における公正なルールの設定は、「最も親しき他者の存在すら、結局自己目的の手段とみなす精神的頽廃を、社会の基底部にまで浸透させる構想」ではない。

むしろ、そうした公正なルールを構築することなく、夫婦の愛情だけを前提に「共生」を構築しようとするほうが、離婚のような危機に当たって、弱い者に負担を押し付けることになる悪しき精神論になる。

経済学は分配の公正をどう論ずることができるか

市場は所得と資産を公正に、あるいは平等に分配することはできない。それは、何が公正な、あるいは平等な分配かは価値判断の問題だからである。

したがって、経済学者は何が公正（あるいは、平等）な分配であるかについて個人的な立場からは意見を述べることはできるが、価値中立的であるべき経済学者としては意見を述べることはできない。

分配に関する経済学者としての役割は、実際の分配はこのようになっているという事実判断と、公正（あるいは、平等）な分配とは何かが与えられたとして、その分配を達成するためにはどのような税制などの所得再分配政策をとればよいかを明らかにすることである。

たとえば、経済学は、労働派遣の再規制によって非正社員を減らせば、正社員が増えて格差は縮小する、という主張に対しては、すでに述べたように、むしろ、失業者が増えて、格差は拡大することを論理的に明らかにすることができる。

しかし、経済学者は、格差がどの程度であれば、公正（平等）であるかについては、意見を述べることはできない。意見を述べるとすれば、経済学者としてではなく、一個人としてである。

重要な機会の平等

市場によって決定される所得分配が平等であるかどうかは、結果の平等の問題である。しかし、結果の平等に劣らず、否、それ以上に重要な平等問題は、機会の平等である。

ここでは、経済学者としてではなく、私個人の立場から、機会の平等を考えたい。

裕福な家庭に生まれた子供は、よい教育を受ける機会に恵まれ、よい友達にも恵まれて、よい会社に就職して高い所得を得ることが可能である。それに対して、貧困な家庭に生まれた子供は、まともな教育を受ける機会もなく、小さいときから働きに出なければならず、一生、低所得の仕事に甘んじなければならない。

人生をマラソンにたとえれば、裕福な家庭の子供はマラソンの折り返し地点からスタートするようなものである。これでは、スタート後の市場が競争的であっても、公正な競争とはいえない。競争に参加するスタート時点の状況を公正にしておかなければならない。

そうだとすれば、人生のスタート時点の差をできるだけ縮める政策が望まれる。その政策の要は教育であろう。この観点から、民主党政権の高校授業料無償化は評価できる。大学と大学院についても、返済不要の奨学金を含めてその制度の一層の拡充が望ましい。

この章では、正統な経済学における経済政策の原理を説明し、その原理が「市場原理主義者」批判者が批判する経済政策とどのように異なるかを明らかにした。

これまでは、経済モデルの「仮定、演繹、命題」の体系を説明してきた。そこで、次章では、残る「経済モデルの検証」について説明しよう。

第7章

経済モデルを検証する

第3章で、経済学は「仮定、演繹、命題、検証」から構成される仮説の体系であると述べた。これまでは、これらのうちの「仮定、演繹、命題」について述べてきた。そこで、この章では、残る「検証」を結婚と自殺の経済モデルを例にとって説明し、その検証手法がシロウト経済学の検証とどのように異なるかを明らかにしよう。

女性の非婚化が進むのはなぜか

はじめに、検証の対象になる経済モデルを示しておこう。ここで最初に示すのは、消費者行動の理論の応用例としての結婚の経済モデルである。以下では、この経済モデルに基づいて、女性の非婚化や晩婚化の原因を考えてみよう。

日本では、女性が結婚する平均年齢が上昇する晩婚化や、結婚しない非婚化が増えている。なぜだろうか。

例えば、仮に、「多くの国で、経済が成長するにつれて、女性の晩婚化が進んでいる」という傾向が観察されたとしよう。これから、「経済が成長すると、女性の晩婚化が進む」と帰納することはできる。

しかし、なぜそうなるのかは説明できない。あるいは、成長していても、女性の晩婚化が進んでいない国があれば、右の帰納的推論は崩れるが、なぜ崩れるかを説明することもできない。
それでは、女性の晩婚化や非婚化を第3章で示した経済学の消費者行動の理論で説明できるであろうか。女性の結婚問題を経済学の消費者行動の理論で説明するとは、奇異に感ずるであろう。しかし、結婚することを「結婚生活に伴うサービスを需要する」ことと捉えると、消費者行動の理論を応用して考えることができる。

経済学の消費者行動の理論によれば、人々は物の価格とその消費から得られる効用とを比較して、効用が最大になるように、さまざまな物の需要量を決める。この理論からは、ある物の価格がその消費から得られる効用にくらべて高すぎれば、それを消費せずに、他の物の消費を増やしたほうが、効用は大きくなることが分かる。

このある物を消費しないということを、結婚に当てはめて考えると、結婚しないということになる。

そこで、消費者行動の理論を結婚に当てはめてみよう。まず、人々は結婚生活から、愛する人とともに生活できる、子供を持つ喜びが得られる、そういった効用を得る。もちろん、結婚には、独身なら楽しめることを楽しめなくなるといった、マイナスもある。これはマイナスの効用という意味で、結婚の負効用と呼ばれる。しかし、結婚する人にとっては、効用と負効用を差し引きすれば、ネットでは、効用があるはずである。そうでなければ、誰も結婚しないであろう。

右では、結婚の効用とは何かを説明した。結婚に消費者行動の理論を当てはめて、結婚するかしないかを決定する要因を知るためには、結婚の効用に加えて、結婚することの価格とは何かも知らなければならない。

物の価格は消費者にとってそれらを購入するための費用である。一般に、物の購入費用はその購入によって失われる価値のことをいう。第4章で述べたように、この失われる価値は機会費用と呼ばれる。

結婚には物の価格のような、実際に支払わなければ購入できない費用は存在しない。しかし、結婚によって失われる価値は存在する。その失われる価値が結婚の価格、すなわち、結婚の費用（つまり、結婚の機会費用）である。

それでは、女性にとっての結婚の費用とはなんであろうか。それを知るには、女性が結婚によって失う価値とは何かを考えればよい。

ある女性は結婚すると、勤めていた会社を辞めなければならないとしよう。そうすると、この女性にとって結婚によって失う価値、すなわち、結婚の（機会）費用は、結婚せずに働き続けたら得られたと予想される生涯の賃金所得になる。このように、機会費用という概念は、人々の行動を規定する隠れた費用を明らかにする、という点で有益な概念である。

さて、この女性はいま述べた意味での結婚の費用が結婚して得られる効用にくらべて大きいと考えれば、彼女は結婚しないことを選択するであろう。そのほうが彼女の効用は大きくなるからである。

経済が成長すると、女性の賃金も上がるから、女性が結婚して仕事を辞めることによって失うと予想される生涯賃金所得も増大する。つまり、経済が成長するにつれて、女性にとっての結婚の費用は増加する。そのため、経済が成長するにつれて、次第に、多くの女性にとって結婚の費用が結婚から得られる効用を上回るようになる。その結果、結婚しない女性が増える。すなわち、非婚化が進む。

この理論から、経済成長の結果、女性の予想生涯賃金所得が増えたことが、女性の非婚化が進む原因であることが分かる。

女性の晩婚化が進む原因

しかし、非婚化が進むといっても、まだまだ、多くの女性は、いつかは結婚しようとする。つまり、実際に観察される主たる現象は、女性の晩婚化である。それでは、女性の晩婚化が進んでいるのはなぜであろうか。

右で、結婚には、独身であれば楽しめたことも、結婚すると楽しめなくなることによる負効用がある、と述べた。ここでは、そのことを思い出していただきたい。

この負効用は女性の年齢が上がるにつれて減少すると考えられる。これは男性にも当てはまる。俗に言えば、若い頃は「もう少し独身生活を楽しみたい」と思っていたのが、年をとるにつれて、「独身生活を十分楽しんだので、そろそろ結婚しようか」という心境の変化である。

年をとるにつれて、いま述べた意味での結婚の負効用が減少すれば、結婚から得られるネットの効用は増大する。このようにして、年をとるにつれて、結婚によるネットの効用が増大すると、結婚の（ネットの）効用が結婚の費用を上回るようになる。そこで、この女性も結婚に踏み切る。

このことは男性にも当てはまる。かくて、二人の「永すぎた春」もようやく終わり、結婚にたどり着くのである。すなわち、永すぎた春が終わるのは、二人の独身でいることから得られる効用がともに減少するためである。

以上が、経済学の消費者行動の理論から明らかになる、女性の非婚化と晩婚化の原因であり、永すぎた春が終わる理由である。

もっとも、永すぎた春が結婚で終止符を打つのではなく、別れで終止符を打つ場合もある。それにはいろいろな理由があると考えられるが、消費者行動の理論からは次のような理由が考えられる。

一つは、長く付き合っているうちに、「この人と果たして結婚してうまくやっていけるかに自信がなくなった」ことである。これは、長く付き合っているうちに、その男性との結婚から得られると思われる効用が減少したということである。

もう一つは、女性の予想生涯賃金所得が増大して、結婚の費用が増大することである。例えば、女性が会社の部長に抜擢され、将来は、取締役も夢ではなくなった、といった状況である。女性が偉くなると、女性の結婚費用が増大するため、男性は結婚してもらえなくなるのである。これは男性にとってちょっと寂しいことであるが、真実であろう。

結婚の経済モデルの命題を検証する

それでは、右に述べた「女性の予想生涯賃金所得が増加すると、女性の晩婚化が進む」という命題は、現実によって支持されるであろうか。そこで、この命題を現実のデータで検証してみよう。

この命題を検証するためには、データとして女性の予想生涯賃金所得が必要である。このデータは公表されているデータからは得られない。そこで、女性の実質賃金が上がれば、女性が予想する生涯賃金所得も増加すると仮定して、女性の予想生涯賃金所得の代理変数とし

図表7－1　女性の実質賃金と女性の平均初婚年齢

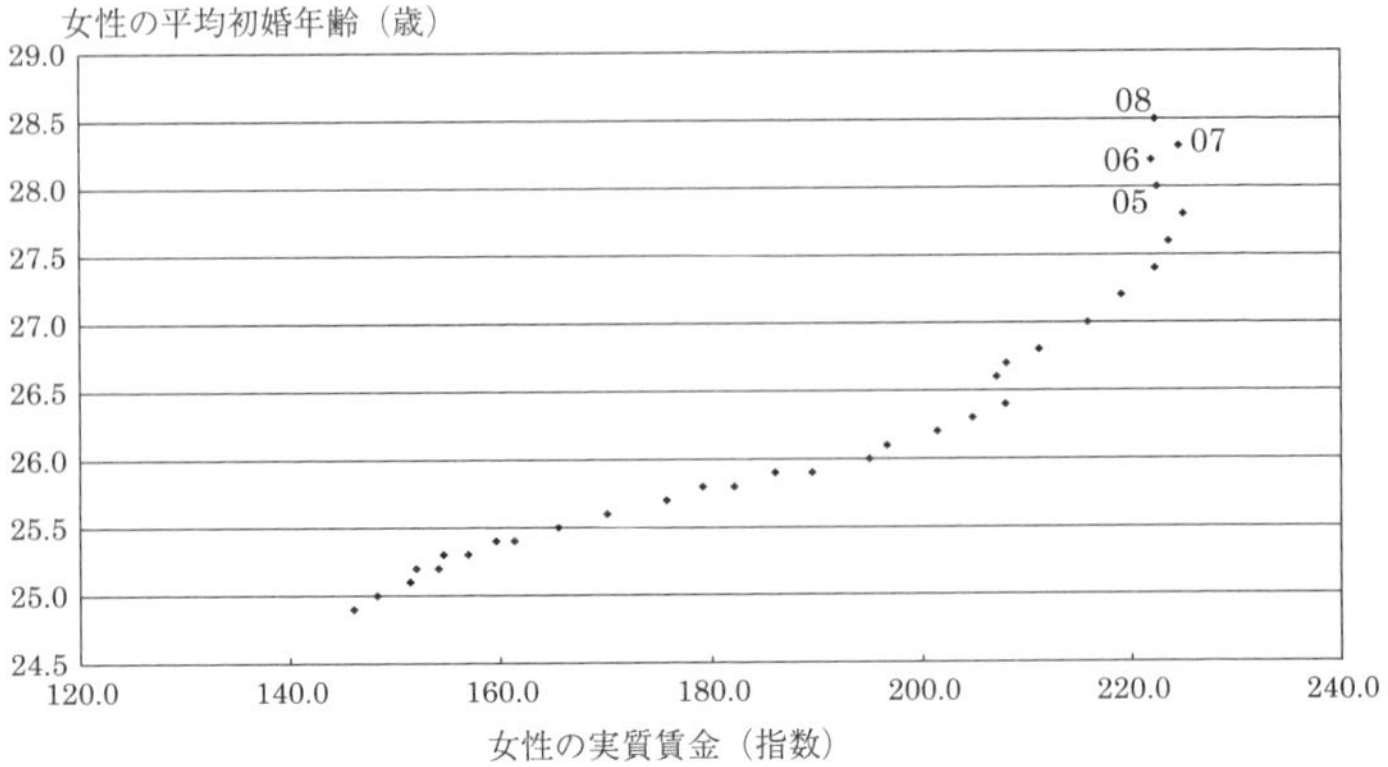

（注）女性の実質賃金指数は女性の所定内給与を消費者物価指数で実質化した値。図表中の05などは西暦年を表す。
（資料）所定内給与は厚生労働省『賃金構造基本統計調査』。消費者物価指数は総務省『消費者物価指数』

て、女性の実質賃金指数を採用しよう。

毎年の女性の実質賃金指数（名目賃金指数を消費者物価で調整した指数で、賃金の購買力を表す）と女性の平均初婚年齢の組み合わせをプロットしてみると、図表7－1のようになる。この図の点が右上がりであることは、女性の予想生涯賃金所得の代理変数と仮定した実質賃金指数が上がると、女性の平均初婚年齢は上昇することを示している。したがって、「女性の予想生涯賃金所得が増加すると、女性の晩婚化が進む」という命題は実際にも成立している、と考えてよさそうである。

学歴が予想生涯賃金所得に影響する

右では、女性の予想生涯賃金所得の代理変数として女性の実質賃金指数を取ったが、女性の予想生涯賃金所得に影響する要因として、女性の学歴が考えられる。高学歴の女性ほど、生涯賃金所得を高く予想するであろう。したがって、女性の大学進学率が高くなれば、女性の中に大卒が増えるため、女性たちが予想する生涯賃金所得の平均も増大すると考えられる。

大学に進学した女性が大学を卒業して、就職し、さらに結婚を考えるまでには、大学に進学してからある程度の年数がかかるであろう。したがって、大学進学率が女性の生涯賃金所得の予想に影響を及ぼすまでには、時間がかかる。この点を考慮して、ここでは、六年前の女性の大学進学率が、現在、女性が予想する生涯賃金所得に影響を及ぼすと仮定しよう。

以上の経済モデルの信頼性を検証する方法に回帰方程式の推定がある。それは、次の回帰方程式の係数を過去のデータから推定することである。

女性の平均初婚年齢＝ａ×女性の実質賃金指数＋ｂ×六年前の女性の大学進学率＋ｃ

実際のデータから、最も実際の平均初婚年齢に近い値を推測するａ、ｂおよびｃの組み合わせを推定すると、次のようになる。

ａ＝0.016（18.8）、ｂ＝0.092（28.7）、ｃ＝21.74（181.5）

ここに、カッコ内数値をｔ値といい、推定された係数の統計的信頼性を示す。右のｔ値はどの係数の統計的信頼性もきわめて高いことを示している。

ｃ＝21.74は女性の実質賃金と大学進学率がゼロであれば、女性の平均結婚年齢は二一・

図表7－2　女性の平均初婚年齢の実際値と推定値

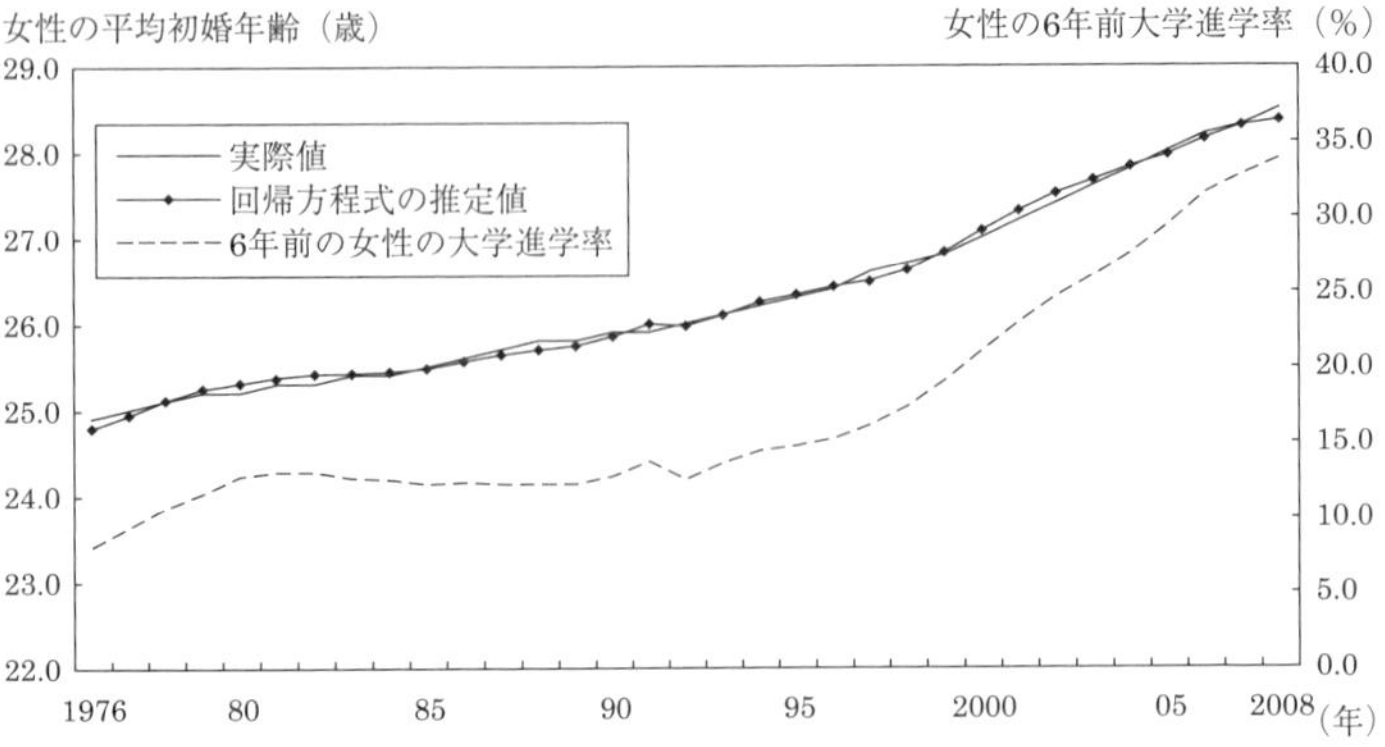

（資料）所定内給与は厚生労働省『賃金構造基本統計調査』。消費者物価指数は総務省『消費者物価指数』。大学進学率は文部科学省『学校基本調査』

七四歳であることを示している。a ＝ 0.016とb ＝ 0.092は、それぞれ、女性の平均結婚年齢は、女性の実質賃金指数（女性の実質賃金指数は女性の所定内給与を消費者物価指数で実質化した値）が一ポイント上がると〇・〇一六歳上昇し、女性の進学率が一ポイント上がると〇・〇九二歳上昇することを示している。

図表7－2は、一九七六年から二〇〇八年までの期間について、実際の女性の平均初婚年齢、女性の六年前の大学進学率および回帰方程式によって推測される、女性の平均初婚年齢をグラフにしたものである。

この図表から、推定された回帰方程式（以下、推定式）は実際の女性の平均初婚年齢にきわめて近い年齢を推測することが分かる。すなわち、推定式で、女性の平均初婚年齢の九九・五％を説明できる。この推定式で説明できない部分はわずか〇・五％である。

以上の経済モデルの統計的検証によって、ここで示した結婚の経済モデルは十分に信頼に足るものであることが実証されたといえる。

以上が、経済学における「仮定、演繹、命題、検証」という一連の手続きの具体的な一例である。

人はなぜ自殺するのか

次に、もう一つ、経済モデルの検証を示しておこう。それは自殺の経済モデルである。ここに、自殺の原因を考えるのは、一九九八年以降、日本の自殺者数が急増し、その後も一向に減らないことが大きな社会経済問題になっているからである。

日本は自殺率（一〇万人当たり自殺者数）のきわめて高い国である。二〇〇九年の日本の自殺率は二五・八人で、フランス一七人（〇六年）、アメリカ一一人（〇五年）、イギリス六・四人（〇七年）など他の先進国と比べて突出して高い。日本の自殺者数の多さは解決を迫られている重大な社会経済問題である。

一九九八年に、自殺者数が前年の二万四三九一人から一挙に三万二八六三人へと急増し（三五％増）、それ以後もほぼ同じ水準が続いている。一般に、このように、統計数値がある年に急激に変化するといったことは起こらない。急激に変化するとしたら、たいていの場合は統計数値の入力ミスである。

しかし、この統計を作成している警察庁はその後一向に訂正しないし、九九年以降も九八年と同じ三万人台が続いている。どうやら、入力ミスでも調査ミスでもないようである。

このような自殺者数の急激な変化を経済モデルで説明し、それを実際のデータで検証することはかなり難しい。というのは、一般に、経済恐慌や戦争でも起きないかぎり、経済変数が急激に変化することはないからである。以下では、この難問にチャレンジしてみよう。

一九九八年以降、自殺者数が急増したのは男性の自殺者数が急増したためであって、女性は男性ほど大きく増加していない。九八年以降の自殺者の急増の大部分は、自殺者の七割を占める男性の自殺者の急増によるものである。これを考慮して、ここでは、なぜ九八年以降、男性の自殺者数が急増し、その後も急増した水準でほぼ安定しているのかを考えよう。

自殺についても、経済学の効用理論を応用して考えることができる。

まず、自殺の効用（というと変な言い方だが）から考えよう。自殺には、貧困、失業、病気、失恋などによる「生きることの苦しみ」から逃れることができる、という効用がある。したがって、生きることの苦しみが大きくなればなるほど、自殺の効用は増大する。

一方、自殺の費用は自殺によって失う価値である。生きていれば、よいこともあるかもしれない。子供が就職して立派に育つのを見られるかもしれない。子供たちが結婚し、孫が生まれるかもしれない。さぞや、孫は可愛いことであろう。自殺すれば、そういうよいことから得られる効用を失う。

さらに、自殺する瞬間の苦しみや痛みも自殺の費用である。それは、自殺しなければ苦しまずに済むことから得られる効用を、自殺によって失うからである。

自殺する人は右のような自殺の効用と自殺の費用とを比較して、自殺の効用が自殺の費用を上回ると思うようになると、自殺に踏み切ると考えられる。

自殺者を年齢別にみると、五〇～五九歳が最も多く（〇九年は自殺者総数の二〇％）、次いで、六〇～六九歳（一八％）と四〇～四九歳（一六％）で、これらの年代で自殺者数の半分を超える。

このように、年をとるにつれて自殺者数が増えるのは、人生が残り少なくなるにつれて、生きることによって得られると期待される効用が減少するためであろう。これは、年をとるにつれて、自殺によって失う価値（効用）が減少する、すなわち自殺の費用が低下することを意味する。

五〇～五九歳の自殺者の全体に占める割合が大きいのは、この年代、とくに、この年代の男性の中に、人生のうちで最も困難なことに直面する人が多いからであろう。まず、経済的には、大学生やそれよりも小さい子供がいて、教育費がかかるというのに、定年が間近に迫っており、将来の生活に大きな不安を覚える。中には、定年前に早期退職を求められる人もいる。この年代で、失業すると、再就職はきわめて難しい。健康に問題が生ずるのもこの年代である。

こうした事情は、自殺によって生活苦から解放される効用、すなわち、自殺の効用を増大させる要因である。

このように、五〇～五九歳の男性のなかには、一方で自殺の費用が低下し、他方で、自殺の効用が増大する人の割合が、他の年代の人よりも比較的多いと考えられる。それがこの年代の男性に自殺する人が多い理由であろう。

九八年以降、なぜ男性自殺者が急増したのか

それでは、なぜ、九八年以降、男性自殺者が急増したのであろうか。

自殺者が急増するのは、自殺の費用が急激に低下するか、自殺の効用が急激に増大するかのいずれか、または両方が起きなければならない。

まず、自殺の費用を考えよう。生きていればよいこともあるかもしれないという効用が、九八年以降に、急激に減少したとは考えられない。この種の効用は比較的安定していると考

えられるからである。

一方、自殺の効用は経済状況が急激に悪化すると、急激に増大する。たとえば、失業し、再就職できない期間が長く続けば、生きる苦しみは急増する。したがって、それから逃れることの効用、すなわち、自殺の効用は急増する。

以上から、九八年以降に、男性の自殺が急増した原因として、次のものが候補に挙がる。
①男性の失業率が急激に上昇した。とくに、四五～六五歳の男性の失業率が大きく上昇し、雇用が急激に悪化した。
②男性の非正規社員比率が上昇して、不安定な雇用状態に置かれる人が増えた。
以下の検証では、①のデータとしては、男性四五～五四歳の失業率を、②のデータとしては、男性の非正規社員比率を採用する。四五～六五歳の男性の年齢階級別データは四五～五四歳と五五～六四歳とに分かれているが、両者を同時に変数として採用すると、両者の相関が高いという推定上の問題が生ずる。そこで、ここでは、前者を採用した。ただし、後者を採用してもほぼ同じ結果が得られたことをお断りしておく。
②のデータは一九八四年からしか得られないので、次の推定式によって一九八四年から二〇〇九年までについて推定した。
男性の自殺率＝ａ×男性四五～五四歳の失業率＋ｂ×男性非正社員比率＋ｃ

ここに、男性の自殺率は男性人口一〇万人当たりの自殺者数、男性非正社員比率は男性労働者に占める非正社員数で、非正社員とはアルバイト、パート、派遣労働者などの合計である。

図表7－3は推定結果を示したものである。係数aとbの推定値の信頼性は高く、この推定式で実際の男性の自殺率の九二％を説明できる。推定式はおおむね実際をよく説明しているといえる。

推定式の定数項二・五二は、四五～五四歳の男性の失業率と男性の非正社員比率がゼロでも、男性一〇万人当たり二・五二人の自殺が発生することを示している。これは、経済的困難ではなく、健康などを理由とする自殺者が毎年、男性一〇万人当たり二・五二人存在することを意味する。

推定式の男性四五～五四歳失業率の係数二・八七は、この年代の男性の失業率が一ポイント上昇すると、男性自殺者は一〇万人当たり二・八七人増加することを意味する。九八年以降、自殺率が急上昇した一因はこの年代の失業率が大きく上昇したことにある。

一方、男性非正社員比率の係数一・一六は男性の非正社員比率が一ポイント上昇すると、男性の自殺者は一〇万人当たり一・一六人増加することを意味する。

図表7－4は、男性自殺率が九八年から急上昇した主たる原因は、五五歳から六四歳とい

う中高年齢層の失業率が急上昇したことであることを示している。この年齢層の失業率は〇四年以降低下したが、男性の自殺率は高止まりして、低下していない。その理由は、この年齢層の失業率は低下したが、男性全体の非正社員比率の上昇が止まらず、雇用が不安定化したためである。

なお、図表7－3をよく見ると、日本が景気後退に陥った一九九二年から二〇〇二年までのいわゆる「失われた一〇年」の期間については、推定式による男性自殺率の推測の当てはまりは芳しくない。

ちなみに、推定式で推測される九八年の男性自殺率の上昇は人口一〇万人当たり三・五人である。実際の上昇率は一〇・六人であるから、推定式では実際の上昇の三三％しか説明できない。

日本の「失われた一〇年」の期間は、バブルの崩壊による保有資産価値の巨額な目減り、負債を抱えた中小企業等の倒産、借金の負担を重くするデフレの継続、個人の多重債務など、人々を厳しい生活難に追い込む不幸な出来事が次々に起きた。これらはどれも生きることの苦しさを増加させる要因である。したがって、自殺によって生きる苦しみから逃れる効用を増大させたと考えられる。

これらの要因を的確に捉えるデータが利用可能でないため、右の男性自殺率の経済モデル

図表7－3　男性の自殺率と推定値

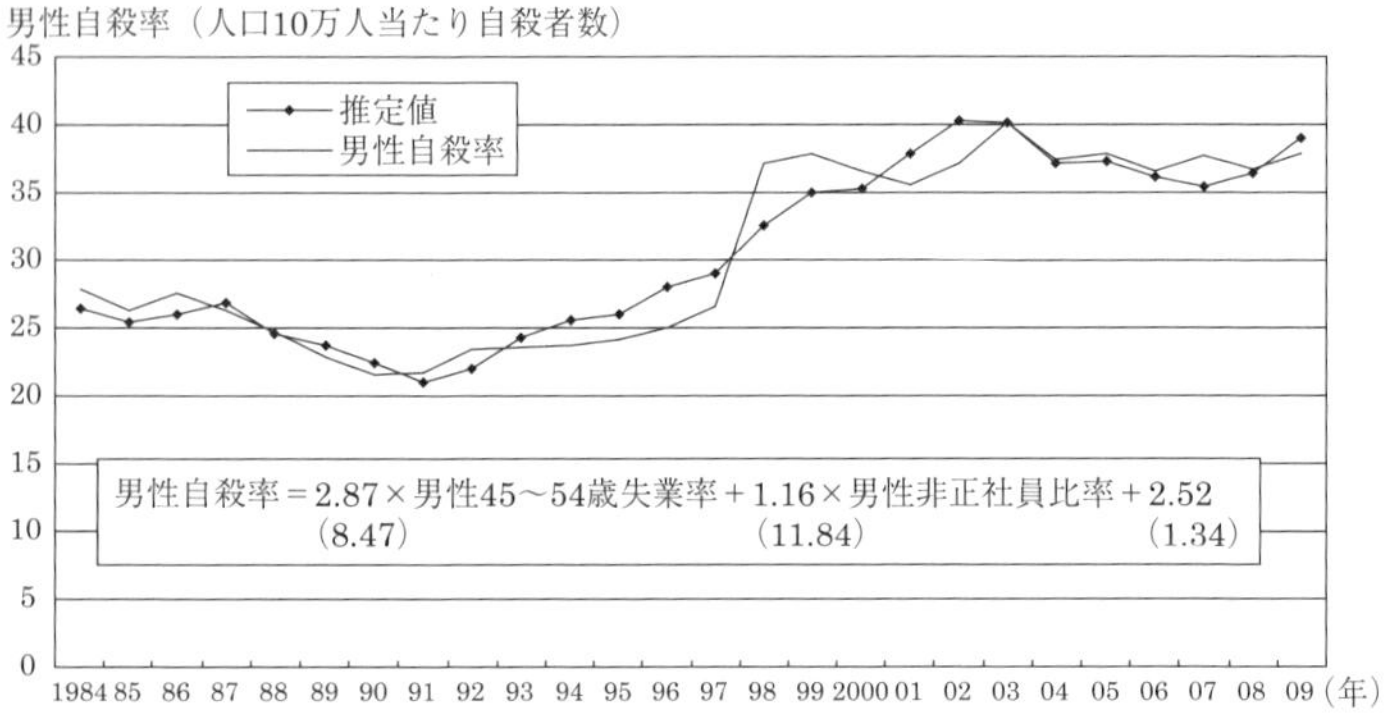

（資料）男性自殺率は警察庁ホームページ

図表7-4　男性自殺率、男性55歳～64歳失業率及び男性非正社員比率の推移

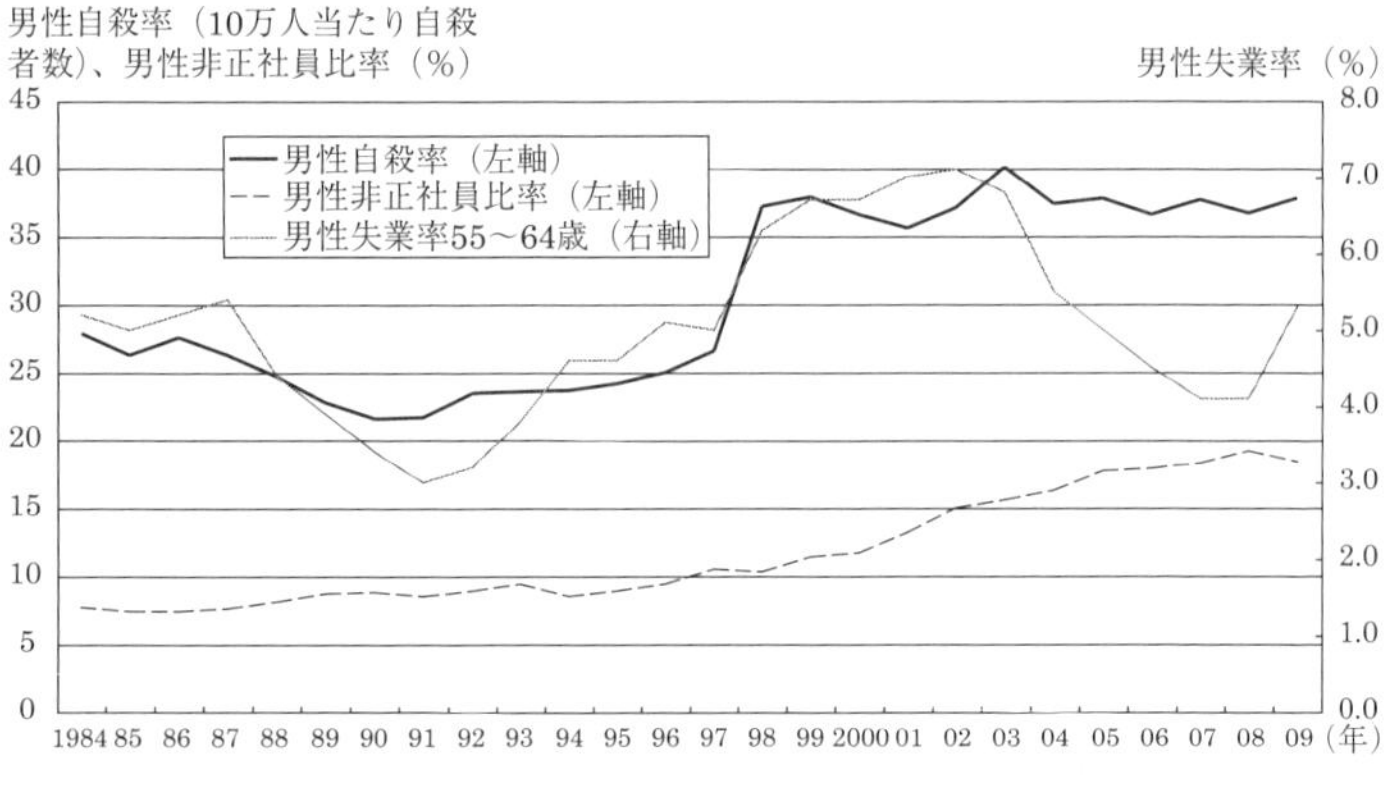

（資料）男性自殺率は警察庁ホームページ。男性非正社員比率と失業率は総務省『労働力調査』

の検証は一応の合格点は達成できたと考えるが、満足のいくものではなかった。

男性自殺率の経済モデルの検証を改善するためには、公表されているデータには限りがあることを考慮すると、それらのデータを右のような要因を的確に捉えるものに加工する必要があるだろう。

ここで読者に宿題を出しておきたい。女性の自殺は男性よりも大幅に少なく、かつ、その数も男性に比べて安定している。その理由を効用理論を使って説明してみてほしい。

それでは、自殺者を増やしている原因である失業率と非正社員比率を上昇させている要因はなんであろうか。

男性四五〜五四歳の失業率とインフレ率（除く生鮮食品）の関係を推定式で求めると、インフレ率が一ポイント下がると、男性四五〜五四歳の失業率は〇・七ポイント上昇するという、統計的に信頼できる関係が得られる（期間は一九八四〜二〇〇九年）。同様に、インフレ率が一ポイント下がると、男性の非正社員比率は一・九ポイント上昇する。

以上から、失業率と非正社員比率の上昇をもたらしている大きな原因は、デフレであることが分かる。

自殺者を減らすためにも、デフレからの脱却が不可欠である。

経済モデルなしに検証はできない

ここで、シロウト経済学の検証の仕方の事例を示し、経済学の検証と比較しておこう。経済学は仮定を明確にして演繹し、命題を導く。それに対して、第2章で述べたように、シロウト経済学はなんらの仮定もせずに、命題を導く。何の仮定も設けずに命題が導けるとすれば、その命題は普遍的に成立する真理になる。とすれば、さまざまな仮定を前提にして、ようやく命題にたどり着く経済学よりも、なんらの仮定もせずに命題を導くことができるシロウト経済学は、経済学を超える偉大な普遍的理論ということになる。

しかし、現実はそんなに甘くはない。なんらの仮定も設けずに、命題を導くシロウト経済学は大胆というよりも、無知というべき所業なのである。その例として、再び、辛坊本を取り上げよう。

辛坊本は、「小泉・竹中時代に、株価が上がり、名目経済成長率と実質経済成長率がプラスになり、求人倍率は1を超え、税収が増え始め、ジニ係数の上昇率が鈍化した」と述べ、「したがって、これらの結果が生じたのは小泉・竹中改革のおかげだ」という結論を導いている（同書一六〇～一六七頁）。

しかし、この結論を導くためには、小泉・竹中改革以外で、株価、経済成長率、求人倍率、税収、およびジニ係数に影響を及ぼす要因は、小泉・竹中時代以前と全く同じであるという仮定が、現実にも成立していなければならない。辛坊本は無意識のうちに、この仮定が現実にも成立していたと前提して議論していることになるのである。

そもそもシロウト経済学は「仮定、演繹、命題」から構成される理論を持たないから、物事の因果関係のメカニズムは分からない。因果関係のメカニズムが分からなければ、データで検証しようとしても、検証のしようがない。

小泉・竹中時代の経済成長を検証する

ここでは、右の辛坊本の主張のすべてを取り上げて、その間違いを指摘する余裕はないので、成長率上昇の原因だけ取り上げよう。

果たして、小泉・竹中時代に実質成長率がプラスになったのは、小泉・竹中改革のおかげなのであろうか。

第2章で述べたように、一九九二年以降、日本経済は数年の例外を除いて、基本的に需要不足経済であった。小泉政権が始まった二〇〇一年当時も需要不足が続いていた。マクロ経済モデルによれば、需要不足経済で実質経済成長率が上昇するためには、まずもって、需要が増えなければならない。

図表7－5　需要と経済成長寄与度の関係

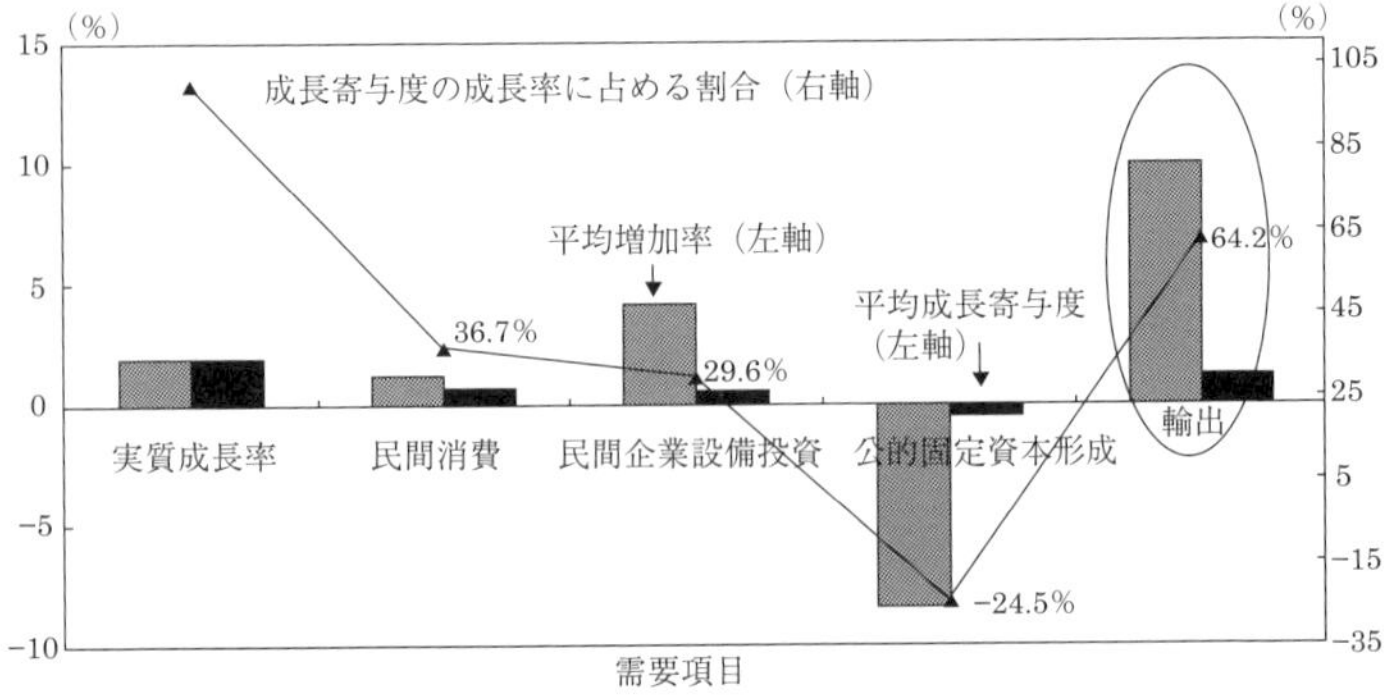

（注）平均増加率は GDP と各需要項目の対前年度比の小泉・竹中時代の平均。
図表中の数値は各需要の成長寄与度の成長率に占める割合。
（資料）内閣府社会経済研究所『国民経済計算』

図表7－5から、小泉・竹中時代に成長を牽引したのは輸出という海外からの需要の急増（平均一〇％で増加）であったことが分かる。なお、この図表では、小泉・竹中時代の最初の年度である〇一年度は実質成長率がマイナス〇・八％であるので、小泉・竹中時代を実質成長率がプラスに転じた〇二年度から〇六年度までとしている。以下も同じである。

この時代の平均成長率一・九％のうち一・二二％は輸出の増加によるもの（これを輸出の成長寄与度という）である。これは、輸出増加の成長寄与度が成長率に占める割合が六四・二％に達したことを意味している。つまり、この時代の成長の原因の六四・二％は輸出である。

この輸出急増が小泉・竹中改革のおかげで

あるなら、成長率を引き上げた究極的原因は小泉・竹中改革であるといえる。

小泉・竹中時代は、実は、世界が歴史上まれな同時大好況に沸いた時代であった。新興国・発展途上国の平均成長率は一九九〇年から二〇〇一年までは三・五％だったが、小泉・竹中時代には六・七％に上昇した。長らく貧困に悩み世界の成長からはるか後方に取り残されていたアフリカでも、小泉・竹中時代には、平均六％の勢いで成長したのである。

小泉・竹中時代に日本の輸出が急増した原因は、こうした絶好調の世界経済、とくに、高度成長を続けた新興国・発展途上国の日本製品に対する需要の急増だったのである。

確かに、小泉・竹中時代には、民間企業設備投資も成長に寄与し、その成長寄与度が成長率に占める割合は二九・六％であった。

しかし、小泉・竹中改革が民間企業設備投資の増加をもたらした原因であろうか。小泉・竹中両氏は、銀行が大量の不良債権を抱えているために、銀行の企業貸出が伸びず、それが設備投資の停滞をもたらしている、と考えて、銀行の不良債権処理を経済政策の最優先課題とした。この考えが正しければ、小泉・竹中両氏が最優先課題として取り組んだ不良債権処理によって、銀行貸出が増加に転じたことが、民間企業設備投資を増加させたことになる。

果たしてそうであろうか。図表7－6に示されているように、銀行貸出が増加に転じたのは、小泉・竹中時代の最後の年度の二〇〇六年度になってからである。銀行貸出が減少しても、民間企業設備投資は〇二年度から〇五年度まで年率六％台で増加したのである。

この事実は、「銀行貸出が増えないから、設備投資が増えないのだ」という、小泉・竹中両氏をはじめとする、当時の多くの政治家や経済学者やエコノミストやシロウト経済学者の認識が全く間違っていたことを示している。

それでは、銀行貸出が増えないのに、設備投資が増えたのはなぜだろうか。この謎を解く鍵は、第1章で述べたように、企業は小泉・竹中時代も現在（二〇年現在）も、資金が余っている資金余剰主体である、という点にある。つまり、日本の企業は設備投資のための資金を銀行の貸し出しに頼らずに、自分でためた資金で十分に調達できるのである。

図表7－7から、輸出の増加率が大きくなると、それに遅れて民間企業設備投資の増加率も大きくなることが分かる。これは、小泉・竹中時代に民間企業設備投資が増加した主たる原因は、輸出企業が輸出の増加に応ずるために、設備投資によって生産能力を拡大したからであることを示している。

以上から、小泉・竹中時代に民間企業設備投資が急増したのは、海外の好景気が原因と考えるのが妥当である。実際に、小泉・竹中時代以後、輸出の増加率が鈍化すると、民間企業設備投資の増加率も鈍化し始めた。〇八年度に輸出増加率がマイナス一〇・四％へと大幅に低下すると、翌〇九年度の民間企業設備投資は実にマイナス一五・三％へと急激に減少した

図表7－6　銀行貸出の増減額の推移

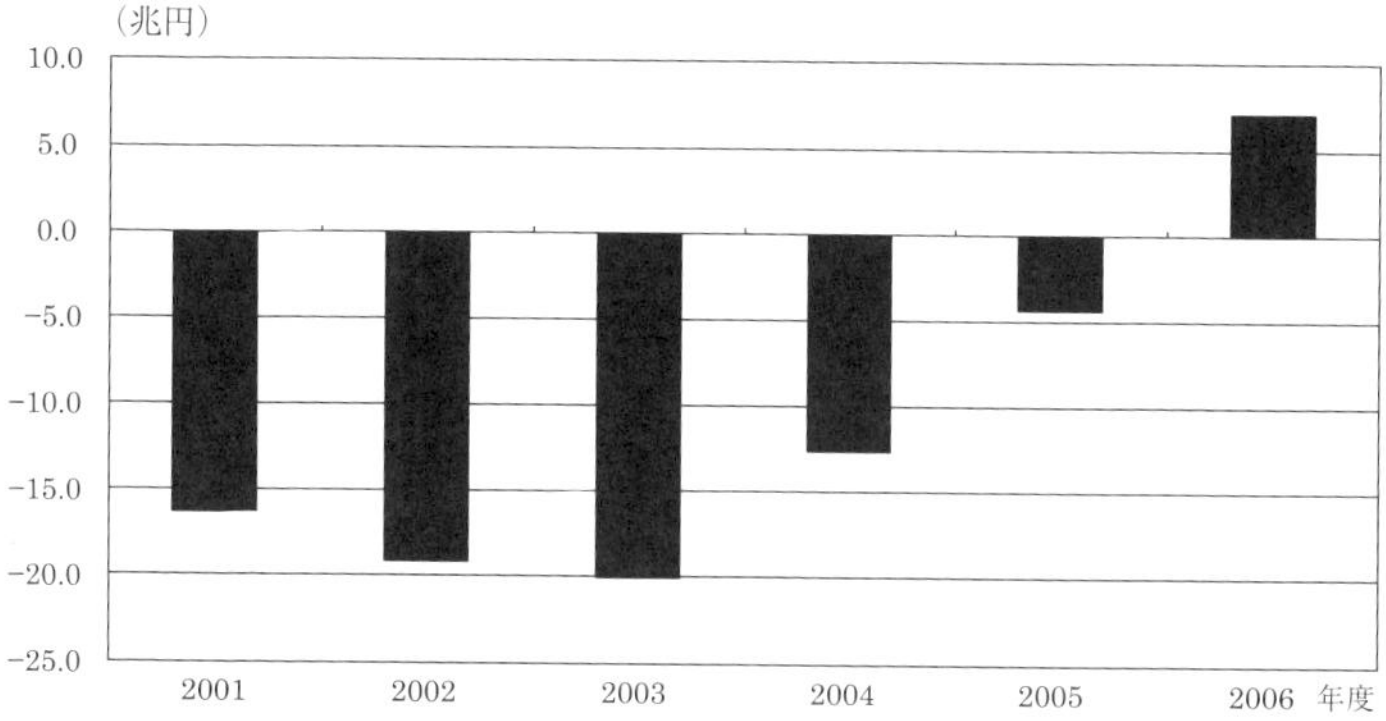

（資料）日銀ホームページ

図表7－7　小泉・竹中時代の民間企業設備投資増は輸出増が原因

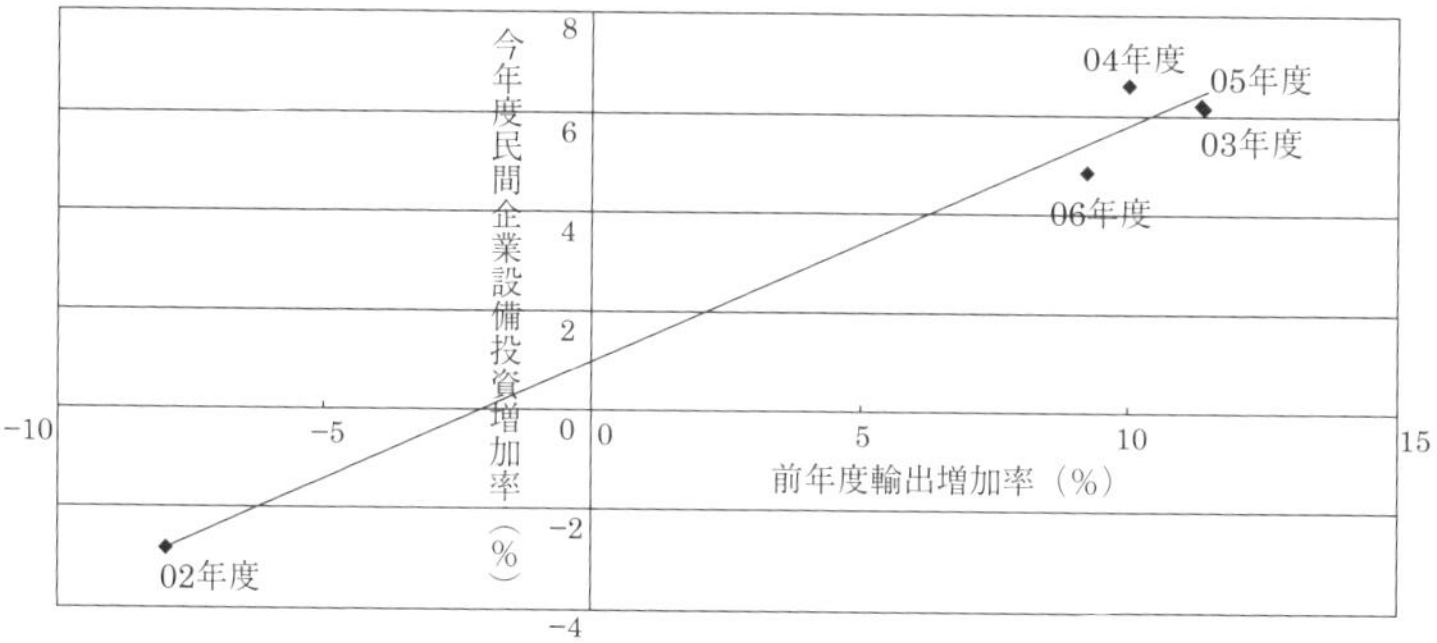

（注）図表中の年度は民間企業設備投資の年度、直線は近似線。
（資料）内閣府社会経済研究所『国民経済計算』

のである。

小泉・竹中時代、公共投資（図表7－5の公的固定資本形成）は毎年平均八・四％で減少し、一・九六％の平均成長率を〇・四％だけ引き下げる要因になった。したがって、小泉・竹中時代に世界が同時好況にならなかったならば、厳しいマイナス成長が続いたであろう。小泉・竹中両氏は運がよかったのである。

シロウト経済学はシンプルだが経済学は面倒だ

右で示した小泉・竹中時代に実質成長率がプラスになった原因の経済学的検証は完全ではないが、辛坊本に比べると、はるかに面倒である。

まず、実質経済成長に影響する要因はどのようなものかを、マクロ経済モデルに基づいて確認し、小泉・竹中時代に、それらの要因がどのように変化したかをデータに当たって調べている。

それに対して、辛坊本は小泉・竹中時代の実質成長率が小泉・竹中時代の前よりも高くなったという一枚のグラフを示すだけで、実質成長率が高くなったのは小泉・竹中改革のおかげだと結論している。実にシンプルである。辛坊両氏も一枚の図を示すだけでいいのだから、労力もいらず、時間もかからない。これで読者が納得して本を買ってくれるのであるから、シロウト経済学者の仕事は楽なものである。

残念ながら、辛坊本のようなシンプルさが多くの人に受けるのが現実である。シンプルであるから、読むのに苦労はいらない。混雑した電車の中でもすらすら頭に入る。

それに比べて、私が右に示した経済学的検証を理解するには多少の集中力を要し、混雑した電車の中では無理かもしれない。読者は「なんだか経済学って、めんどくさいなぁ」と思って、先を読み続ける気がしなくなるかもしれない。数式やグラフを見ただけでめまいを起こす人には、この章を理解するのはきつかったであろう。

しかし、シンプルで早分かりする話ばかり聞いていたのでは、やはり経済を理解することはできない。経済はさまざまな要因が絡み合っているから、自分の身の回りや仕事の関連で繰り返し起きる現象から帰納して、一直線に一般的に成立する結論を導くことはできない。自分の身の回りや仕事の関連で起きる要因だけでなく、さまざまな要因を解きほぐして考える経済理論（経済モデルのこと）がなければ、現実の経済は理解不可能なのである。

これが、本書が読者に「経済学的思考をすすめる」理由である。

あとがき

本書では、帰納法に基づくシロウト経済学と比較しながら、「仮定、演繹、命題、検証」から構成される仮説の体系である、正統派の経済学の思考法について説明した。このような仮説の体系を持たない思考法では、「太陽が動いているのか、地球が動いているのか」が分からないように、実際に起きている社会的・政治的・経済的現象を正しく理解することはできない。

本書では、一見、経済学の分析対象とは思えないような「非婚化・晩婚化」や「自殺」の原因を経済学的思考法によって考えた。このように、経済学的思考は狭い意味での経済現象だけでなく、「ひきこもり」や「いじめ」などの社会的問題と考えられている現象や、人々の投票行動や政権交代のような政治的問題と考えられている現象を考える上でも有効である。

しかし、多くの人にとって、経済学的思考を理解することは、帰納法に基づくシロウト経済学の思考法に比べて簡単ではない。そのため、実際の社会では、手っ取り早いシロウト経済学のほうが優勢になってしまう。正統派の経済学者がテレビのニュース・ショーなどに解説者やコメンテーターとして登場することもめったになく、登場するのはシロウト経済解説者ばかりである。

本書では、こうした状況を踏まえて、真理に近づくための普遍的思考法である正統派の経済学を、具体的な事例に即して、できるだけやさしく解説したつもりである。著者は、読者が本書をきっかけに、ゆっくり、しかし確実に、経済学的思考に慣れ親しんでいただくことを願っている。

本書は、筑摩書房の編集者であり、著者のよき理解者である山野浩一氏に、こうした著者の意図を汲んでいただき、「筑摩選書」の一冊に加えていただいたものである。改めて、山野氏には厚く感謝の意を表したい。

参考文献

読者が経済学的思考に慣れるために有用な本の中から、比較的平易に書かれ、かつ手ごろな価格で読める本を紹介しておこう。

（1）中島隆信『これも経済学だ！』ちくま新書
（2）大竹文雄編『こんなに使える経済学——肥満から出世まで』ちくま新書
（3）飯田泰之『世界一シンプルな経済入門　経済は損得で理解しろ！』エンターブレイン
（4）山岸俊男、メアリー・C・ブリントン『リスクに背を向ける日本人』講談社現代新書

（1）は、本書の題名と同じ「経済学的思考のススメ」で始まり、伝統文化や宗教のような、これまであまり経済学の対象とされなかった分野を経済学的思考で眺めると、いかに景色が変わって鮮明に見えるかを示した好著である。
（2）は、普段の私たちの生活に深くかかわっているさまざまな問題を経済学的思考で考え、統計的に検証すると、いかに事の本質が良くみえてくるかを明らかにしている。
（3）は、（1）と（2）よりも体系的な経済入門書で、「経済を動かすもっともシンプルな仕組みは『損得』感情である」と明快に宣言して、「経済・ビジネス上の解決策を考える基

礎力を身につけること」を目指している。
（1）から（3）が経済学者による本であるのに対して、（4）は社会心理学者と社会学者による共著であるが、その思考は経済学的で、「リスクに背を向けるのは日本人の性格だ」といった安易な「日本人論」に陥ることなく、「終身雇用制度のような、日本のセカンドチャンスがない社会経済制度のために、人々はリスクをとれない」といったことを、実験社会心理学などを応用して説得的に説明している良書である。
最後に、著者の経済学入門書を二つ紹介しておきたい。
（5）岩田規久男『経済学を学ぶ』ちくま新書
（6）岩田規久男『景気ってなんだろう』ちくまプリマー新書
（5）は交換と市場、需要と供給などのミクロ経済学の基礎から、財政金融政策などのマクロ経済学の基礎までを、現実の事例に即しながら解説した経済学の入門書である。
（6）は、景気が良くなったり、悪くなったりするのはなぜかを学びながら、マクロ経済学（GDPや物価や失業率などの決まり方を扱う）を習得するという、新しい型のマクロ経済学の入門書である

岩田規久男 いわた・きくお

一九四二年生まれ。東京大学経済学部卒業、同大学院修了。学習院大学経済学部教授を経て、現在、日本銀行副総裁。深く確かな理論に裏づけられた、幅ひろく鋭い現状分析と政策提言はつねに各界の注目を集めている。著書に『金融入門』『国際金融入門』（岩波新書）、『デフレの経済学』『金融危機の経済学』（東洋経済新報社）、『昭和恐慌の研究』（編著、東洋経済新報社、第47回日経・経済図書文化賞受賞）、『経済学を学ぶ』『世界同時不況』（ちくま新書）、『景気ってなんだろう』（ちくまプリマー新書）他多数。

筑摩選書 0010

経《けい》済《ざい》学《がく》的《てき》思《し》考《こう》のすすめ

二〇一一年一月一五日　初版第一刷発行
二〇一五年九月三十日　初版第三刷発行

著者　岩《いわ》田《た》規《き》久《く》男《お》

発行者　山野浩一

発行所　株式会社筑摩書房
東京都台東区蔵前二-五-三　郵便番号　一一一-八七五五
振替　〇〇一六〇-八-四一二三

装幀者　神田昇和

印刷製本　中央精版印刷株式会社

乱丁・落丁本の場合は左記宛にご送付ください。

送料小社負担でお取り替えいたします。

ご注文、お問い合わせも左記へお願いいたします。

筑摩書房サービスセンター
さいたま市北区櫛引町二-六〇四　〒三三一-八五〇七　電話　〇四八-六五一-〇〇五三

 ISBN978-4-480-01512-9 C0333